I0674960

© Pedro Pérez

Carlos Skliar
es educador y escritor. Investigador principal del Consejo Nacional de Investigaciones Científicas y Tecnológicas de la Argentina (CONICET) y del Área de Educación de la Facultad Latinoamericana de Ciencias Sociales (FLACSO, sede Argentina). Ha publicado los libros de poemas: *Hilos después* (Buenos Aires, 2007), *Voz apenas* (Buenos Aires, 2009) y *Éste no es un libro de poemas* (Río de Janeiro, 2011, en portugués); los libros de aforismos, micro-relatos y greguerías: *No tienen prisa las palabras* (Barcelona, 2012) y *Hablar con desconocidos* (Barcelona, 2014); y entre sus últimos libros de ensayo se destacan: *Lo dicho, lo escrito, lo ignorado* (Buenos Aires, 2012), *Desobedecer el lenguaje* (Buenos Aires, 2015), *Pedagogías de las diferencias* (Buenos Aires, 2017), y *Escribir, tan solos* (Madrid, 2017).

Coordina, junto a Violeta Serrano García, el posgrado internacional *Escrituras: creatividad humana y comunicación* (FLACSO, Argentina) y forma parte de la actual comisión directiva del PEN (Poetas, ensayistas, narradores) de Argentina.

Como un tren sobre el abismo

Primera edición: abril, 2019
© Carlos Skliar, 2019

© Vaso Roto Ediciones, 2019
España
C/ Alcalá 85, 7° izda.
28009 Madrid

vasoroto@vasoroto.com
www.vasoroto.com

Dibujo de cubierta: Víctor Ramírez

ISBN: 978-84-120271-4-3
BIC: DNF

Carlos Skliar

Como un tren sobre el abismo
o contra toda esta prisa

Vaso Roto / Ediciones

Unos van por un sendero recto.
Otros caminan en círculo,
Añoran el regreso a la casa paterna
Y esperan a la amiga de otros tiempos.
Mi camino, en cambio, no es ni recto, ni curvo,
Llevo conmigo el infortunio.
Voy hacia nunca, hacia ninguna parte,
Como un tren sobre un abismo.

ANNA AJMÁTOVA, *El instante maravilloso.*

I
Todo lo que acontece se desborda

Pero el ansia de repetirnos
instaura las verdades.
Toda verdad repite lo inefable,
toda idea desmiente lo-que-ocurre.
Pero las construimos
por miedo a contemplar la enorme trama
de aquello que acontece en cada instante:
todo lo que acontece se desborda
y no estamos seguros del refugio.
CHANTAL MAILLARD, *Matar a Platón.*

La escena se repite, es constante y vertiginosa, se ha vuelto habitual y no por ello menos extraña y angustiante: la prisa con la que el mundo convoca a los individuos para una existencia en apariencia dichosa, la celeridad y la docilidad con que parece acatarse tal invocación, la velocidad con que los principios enunciados mutan o desaparecen, y el tendal de abandonados y sin refugio que ven pasar sus vidas como si se tratara de un mal sueño, acechados por una persistente hostilidad contra todo desfallecimiento.

No es la única escena que define estos tiempos, es cierto, y podrían elegirse muchas otras, incluso del todo contestatarias, o más amables y civilizadas, pero es, quizá –en su descripción completa o en algunos fragmentos dispersos– la más decisiva para la mayoría de los individuos: el sentirse abrumados por la rapidez de la novedad, la necesidad de adecuarse a una sucesión repetida de imperativos construidos por burdos refinamientos del lenguaje y de la acción, el desprecio por la memoria del pasado y el ritual celebratorio del futuro, los cuerpos tambaleantes en el filo del agotamiento, y ni un instante –ni siquiera alguna comprensión o alguna compasión– para el *dolce far niente*.

Bajo las luces de neón de tiendas siempre abiertas, entre los apresurados caminantes destituidos del paseo, al borde de una alucinación mediática que asfixia las 24 horas, en un estado de sopor por la falta de descanso, frente a la tentación de un ideal determinado por el crédito y las finanzas, en medio de todas las capas superpuestas de signos que descreen del sentido trascendente hay, todavía, una larga pregunta en torno de lo humano que merece ser enunciada: ¿Qué se ha hecho de la vida en este mundo? ¿Hay vida más allá de la escena tecnocrática y lucrativa que tuerce y retuerce la mirada de la gente? ¿Acaso un mundo obsesionado por el éxito individual, a costa de verse sólo la punta de los pies y apurar la muerte, hace vidas mejores? O, inversamente: ¿Hay vidas desprendidas de ese relato que harían un mundo mejor? ¿Vidas capaces de distanciarse del mundo hostil, de simplemente negarse a él, o bien desatenderlo, vidas detenidas o lentas, rebeldes, amantes de la filosofía del instante, de la soledad, de la lectura e incluso *perezosas*?

Confrontar el mundo con la vida pareciera ser apenas un mero ejercicio de abstracción o de vana filosofía; y separarlos, distinguirlos, alejarlos, esto es, sugerir la idea de hacer otra vida y protegerla de ese mundo tortuoso y penoso o ni siquiera dar cuenta de él, quizá resulte una quimera, una tarea improbable o casi imposible.

Cuando el mundo es hosco, cuando se destruye a sí mismo, apresurado hasta tal punto que la niñez pierde su infancia, ya asume y se asemeja a la vida adulta, y se masacra así el tiempo de la vida, se afecta su experiencia, su aprendizaje y su narración, el resquemor resultante puede ser acallado de una buena vez por la complicidad del silencio adaptativo, pero también puede ser audible de muchos modos diferentes, incluso en su provisional mudez.

Escena: el mundo voraz. Situación: la vida inquieta. O bien: el mundo urgente y sin destino; la vida fuera, en los márgenes. O más aún: el mundo utilitario; la vida como la celebración de las inutilidades.

Una escena es un paisaje que tiende a describirse desde la lejanía, como si se tratara de la crónica de un espectador no implicado aunque quizá atribulado, sí, pero cómodamente acodado en su poltrona o desde lo alto de un páramo; allí se habla de la condición del mundo, de la sociedad, de sus avatares, de sus complejidades, de sus laberintos; se suceden los diagnósticos por doquier, se aguzan las conciencias delante de problemas tan lamentables como irresolubles, el lenguaje informativo y las opiniones especializadas agitan y calman las aguas a la vez.

Una situación, en cambio, conlleva pura afección, no hay exterioridad ni horizonte lejano, todo está aquí a ras del suelo, no hay excepción o todo es excepción, los cuerpos aún respiran y la narración –tanto posible como casi ya imposible– anhela ser una conversación sobre todo aquello que aún late en la vida.

La vida, así, como la interioridad y/o como la comunidad no gobernada totalmente por el mundo, o distante de él anidada en sus refugios de silencio, soledad, pensamiento, conmoción y rebelión.

La escritura –pero también la mirada, la escucha, la voz, la lectura– puede confundir la escena con la situación y confundirse ella misma, pues los diagnósticos sobre el mundo procuran ser idénticos a aquellos que se atribuyen a los individuos, como si se tratara de simples y dóciles cuerpos-receptores de órdenes supra-vitales.

Se espera o se insta a que de un mundo de vorágine se produzcan sin más vidas apresuradas; que un mundo tumultuoso provoque vidas tambaleantes, de pura zozobra; que un mundo únicamente centrado en la acumulación provechosa de bienes, determine sólo individuos insaciables o, al menos, desesperados por poder llegar a serlo.

La descripción de una escena tiende a asimilarse a una toma de posición: aquello que se ve, que se escucha, que se lee, redunda en una escritura de alejamiento rayana en la separación y la indiferencia; la distancia entre el mundo y la vida se vuelve abstracta y a la vez determinista: el mundo es el gran hacedor de la vida, nos hace y deshace, y no hay modo alguno de sustraerse a él y de no parecérsele aunque sea a regañadientes.

Miseria y miserables, felicidad y felices, prisa y apresurados convierten un tema complejo en subjetividades simplificadas y no hay lugar ni para los híbridos inclasificables ni para la ambigüedad caótica, ni siquiera para el desborde: el experimento social es eficaz o deja de serlo en la medida que los individuos rebalsen con sus vidas las concepciones escenográficas del conocimiento disciplinar; así, no podría haber vida que no refleje al mundo, tanto por sus exigencias de sobre-adaptación como por sus modos permanentes de conflicto des-adaptativos.

Cuando se describe la escena y se nombra a «ellos, ellas» hay una designación que se arroga omisiones y encubre puntos de vista; el «nosotros» ha sido un instrumento amenazante incluso de colonialismo; el «yo» suele ser un arma de guerra. De ese modo, las escenas puestas en su propia perspectiva tiñen sus miradas de arrogancia, sucumben delante de la palabra ahogada y exánime o, sencillamente, hablan de otras cosas, alejadas de la oposición entre mundo y vida.

El lenguaje de la situación, en cambio, se embebe de una forma de exposición y no de toma de posición: cada vida singular, parafraseando el conocido aforismo de Pessoa, es una excepción a una regla que no existe. Si consideramos por un momento que *regla* es mundo y *excepción* es vida se percibe, entonces, la infinita tensión entre ambos términos, su posible resquebrajamiento y hasta la inversión del asunto en cuestión: son las excepciones, y no las reglas, las que hacen, crean y reinventan el mundo.

Sostengamos, todavía, la tensión precedente: en cada época hay un susurro, un secreto, un murmullo, un grito y/o un aullido que narra la experiencia singular de los individuos con su tiempo, con el tiempo que pasa y con el tiempo que les pasa; experimentos cronológicos del tiempo con los cuerpos y experiencias subjetivas de intensidad de los cuerpos con el tiempo.

Cada época sugiere nombres o metáforas para ser contada, modos orales, escritos y leídos que versan sobre las alegrías o los latigazos en la espalda donde se tallan los padecimientos y las bienaventuranzas individuales; formas puntuales de conversación, de comunicación y de pensamiento; y también figuras extremas de silenciamiento, de presidios, de liberación y de rebelión, de diferencia o de indiferencia.

En cada época hay, como escribió Herta Müller, personas que permanecen o resultan intactas, dañadas y rotas;[1] individuos anónimos o cuerpos expuestos a las redenciones, las masacres o las salvaguardas; modos peculiares, plurales o aislados de vociferar o de callarse, de congregarse o de aislarse, de hacer humor, de hacer amor, de perdurar, de pasear, de envejecer y morir, de decirse y desdecirse.

Las épocas pueden no ser más, al fin y al cabo, que esfuerzos desmesurados por percibir los límites de la relación con el mundo y los modos de vivir en él como se pueda o como se quiera –según la buena o mala suerte que se nos asigne o de la que se presuma– en la experiencia de una duración del tiempo que siempre resultará incógnita.

Pero: ¿en manos de quién está la decisión o indecisión de demarcar las fronteras entre aquello ya pasado y lo nuevo? ¿Quiénes se arrogan la potestad

---

1 Herta Müller, «El tic-tac de la norma», en: *Hambre y seda*. Madrid, Siruela, 2011, p. 105.

de trazar el límite de lo ya ocurrido y aquello por ocurrir? ¿Por qué los intactos gobiernan a destajo y dejan como resultado, la mayoría de las veces, un tendal de dañados y rotos?

Pareciera ser que nadie quisiera sentir en carne propia la experiencia de que todo vuelve a comenzar desde cero, como si el tiempo –la tradición, la historia, el arte, etcétera– nunca dejara de existir y no fuésemos nosotros, los sujetos de una determinada época, sino seres de perpetua y mezquina repetición aprisionados en una partitura ya escrita e inscripta desde siempre.

La demarcación de una época es, así, un torpe conteo de movimientos espasmódicos que dan inicio al ciclo y de una suerte de declive o decadencia o desmoronamiento que señala su irremediable final. El filósofo Giorgio Agamben lo escribe del siguiente modo:

En este cómputo mezquino, a menudo de mala fe, se pierde justamente el único e incomparable título de nobleza que nuestro tiempo podría reivindicar legítimamente respecto del pasado: el de ya *no querer ser una época histórica*. Si existe un rasgo de nuestra sensibilidad que, en efecto, merece sobrevivir, ése es el sentido de impaciencia y casi de náusea que experimentamos ante la perspectiva de que todo recomience desde cero, incluso aunque sea del mejor de los modos.[2]

La cuestión está en saber, entonces, si existe la capacidad –o la virtud, o la creencia– de encontrar un sentido al mundo y a la existencia, si podemos o no abandonarnos y ahondarnos en él, o si la incapacidad está definida y determinada por su propio sinsentido, más allá de definir con cierta pobreza el estatuto etario de una época.

Si vivir supone saber qué es la vida presente y qué hacer con ella, si habitar un mundo es saber qué es el mundo actual y qué hacer con él, resta saber si es posible alimentarnos de los resabios de otros tiempos, alejarnos de las fronteras estrechas que se nos consignan.

El término época, por cierto, no proviene de una percepción natural del tiempo sino de una habitual naturalización y responde, nada más ni nada menos, que a una convención pronta a acatarse o desobedecerse, uno de los tantos artificios humanos utilizado para la comprensión del sí mismo y de su historicidad y que, por lo tanto, posee tanto aciertos como debilidades: hablamos sobre una época que nos habla, leemos acerca de una época que nos lee,

---

2   Giorgio Agamben, *Idea de la prosa*, Buenos Aires, Adriana Hidalgo editora, 2015, p. 89.

pensamos mientras se establece qué es o qué no es el pensamiento, gozamos o padecemos de una época que inventa o fabrica modos de hacernos gozar o padecer, pasamos a través del tiempo mientras el tiempo pasa a través nuestro.

Narramos nuestros tiempos –los que nos toca vivir–, en los límites mismos de su lenguaje, lo que nos hace ser, estar, hacer y decir en una condición paradojal sin fin: la palabra como un signo que representa el confín de su propia potencia e impotencia, de su sequedad y su ambigüedad.

Cierta literatura describe estos tiempos en términos de comunicación-conexión eficaz, aceleración voraz e innovación permanente; y quizá esta descripción no sea otra cosa que una imagen acotada del exilio forzado de la contemporaneidad: el abandono paulatino de la angustia existencial –individual y colectiva– en pos de una cierta satisfacción inmediata y fugaz, que no logra nunca apaciguar la condición primera de la humanidad –su indefensión– ni su desenlace ulterior –nuestra inefable mortandad–.

También es cierto que se enuncia la época con otras palabras: ya no en términos de aceleración sino más bien como de dispersión, de *disincronía*, es decir, la desorientación que produce el sinsentido de un destino que se percibe como entrecortado, escindido, por meros instantes fugaces, sin duración ni conexión entre sí. En todo caso, si cierta aceleración persiste ya no obedece tanto al deseo de alcanzar una meta o un logro inmediato, sino la primacía de un tiempo sin orden alguno que deshace o inhibe todo rumbo teórico o reflexivo de la acción.

> Esta dispersión hace que el tiempo ya no despliegue ninguna fuerza ordenadora. De ahí que en la vida no haya momentos decisivos o significativos. El tiempo de vida ya no se estructura en cortes, finales, umbrales ni transiciones. La gente se apresura, más bien, de un presente a otro. Así es como uno envejece sin hacerse mayor.[3]

Ese tiempo se parece demasiado al dar tumbos, como si la pérdida de orientación a cada momento no fuese más que una suerte de derrota en la búsqueda de que algo dure, finalmente, unos minutos, que no todo se evapore como arena entre los dedos, al menos un sentido –aunque precario, inconcluso, débil– para comprender una mínima porción de por qué se hace lo que se hace, si es que acaso hacemos algo que valga la pena, o bien todo conduce a la *parestesia*.

En medio de la frenética batalla entre el sosiego pueril y el desasosiego extremo parece haberse

---

3   Byung-Chul Han, *El aroma del tiempo. Un ensayo filosófico sobre el arte de demorarse*, Barcelona, Herder, 2015, pp. 26–27.

perdido el hilo invisible que daba sentido a la intimidad y a la existencia en comunidad –por cierto un hilo siempre frágil y caótico–: la experiencia no banal del tiempo o, para mejor decir, la experiencia del riesgo y de la diferencia en la travesía del tiempo a lo largo y ancho de las distintas generaciones.

Peter Sloterdijk hace de esta última cuestión –bajo el ya conocido término de herencia– uno de los problemas más trascendentes de la modernidad y, a la vez, su fruto más turbio: quien se percibe de forma moderna concuerda, casi sin hesitar, que la riqueza de la vida se encuentra en la inmanencia y no ya en la trascendencia. Semejante afirmación puede leerse del siguiente modo, a riesgo de perder de vista su notable hondura: la herencia se torna superflua y la incertidumbre acerca del origen ya no es un problema sino una potencia fructífera puesta hacia delante y desanclada del pasado; una celebración del puro futuro, previo enterramiento de los tesoros del pasado y del lastre del pecado original:

Serían los futuros, y no los orígenes, los que contarían de verdad. Ahora ya no recaería más el peso pesado del ser sobre el pasado; el ámbito mítico, donde son endémicas las antiguas leyes, los poderes originarios, lo fundacional, pierde importancia progresivamente. Tampoco es el presente ya la continuación de un antes, siempre válido, en el medio de la vida actual.[4]

Pero, claro está, no sólo se percibe la sujeción al aquí y ahora: existe además la ilusión de rebeldía contra el tiempo, el salirse de época o reinterpretarla de un modo completamente distinto, el quitarse de la secuencia estipulada, no ser transparentes o idénticos en relación a la temporalidad que discurre, no ajustarse a las instituciones tradicionales ni a sus prácticas habituales; pertenecer sí al tiempo presente pero sin coincidir exactamente con él; de lo que se trataría, en fin, no es solamente de un ser-de-época o de un ser-en-época, sino también de un gesto capaz de contemporaneidad. En palabras de Agamben:

> Pertenece realmente a su tiempo, es verdaderamente contemporáneo, aquel que no coincide perfectamente con éste ni se adecua a sus pretensiones y es por ende, en ese sentido, inactual; pero, justamente por eso, a partir de ese alejamiento y ese anacronismo, es más capaz que los otros de percibir y aprehender su tiempo.[5]

---

4 Peter Sloterdijk, *Los hijos terribles de la edad moderna. Sobre el experimento antigenealógico de la modernidad*, Madrid, Biblioteca de Ensayo Siruela, 2015, p. 27.

5 Giorgio Agamben, *Che cos' é il contemporâneo e altri scritti*, Roma, Nottetempo, 2010, p. 24.

Coincidir del todo con una época, esto es, ser completamente transparente a ella, ser su idéntico y amarrarse a los designios del actual presente, impide al individuo su posible soberanía, su huida y su desacuerdo; ése ser permanece quieto y enceguecido por las demasiadas luces que la permanencia de lo nuevo, de la novedad que lo obnubila sin poder ver aquellas tinieblas frente a las cuales también nos encontramos en cada tiempo:

> Contemporáneo es aquel que mantiene la mirada fija en su tiempo, para percibir no sus luces, sino sus sombras. Todos los tiempos son, para quien experimenta su contemporaneidad, oscuros. Contemporáneo es quien sabe ver esa sombra, quien está en condiciones de escribir humedeciendo la pluma en la tiniebla del presente.[6]

La contemporaneidad a la que alude Agamben supone una relación singular con el propio tiempo, al cual se adhiere pero también del cual toma distancia; una distancia que no es de soberbia, ni de jerarquía, ni de alturas, pero sí de cierto anacronismo y de mirada cambiante, casi nómade, en un movimiento que se desprende en varias direcciones quitándose del pun-

---

6   *Ibidem*, p. 25.

to fijo, obsesivo y estrecho de la luminosidad aparente y seductora –y fugaz– del aquí y ahora.

Todo es cuestión de *epojé*, no de época, diría cierta filosofía.

Epojé, en el sentido de poner y ponerse entre paréntesis, de hacer o hacerse distancia o de ser capaz de una detención, incluso el gesto de quitarse de las preocupaciones reconcentradas y adustas, quizá para volver a ellas de otro modo, con otra experiencia temporal, con otro pensamiento y con otras palabras.

La expresión *epojé*, como se sabe, proviene de los escépticos griegos y supone, de acuerdo con Sloterdijk: «la postura de abstinencia de juicio que ellos recomendaban; más exactamente: el arte de permanecer en suspenso entre las doctrinas de las escuelas establecidas».[7]

Para el filósofo alemán *epojé* significa, históricamente, un corte que origina una distancia, y cuya consecuencia anula la continuidad estrecha entre sucesos anteriores y posteriores.

Pero: ¿qué corte, qué fisura, qué hendidura es posible en estos tiempos? ¿Qué distancia permite asumir esta época a los individuos y, también, a las comunidades? ¿Acaso es ésta una época que da paso

---

7   Peter Sloterdijk, *Muerte aparente en el pensar. Sobre la filosofía y la ciencia como ejercicio*, Madrid, Siruela, 2013, p. 37.

al corte y a la distancia o es, justamente, aquella cuyo mismo vértigo lo impide? ¿Y qué vendría después, si es que hubiera un *después*?

II
Contra toda esta prisa

*No escribir de otra cosa más
que de aquello que podría desesperar
a los hombres que se apresuran.*
NIETZSCHE, *La genealogía de la moral.*

Alejadas de nosotros, inaudibles o incomprensibles, parecen ya agotadas las innúmeras ideas de temporalidad que las ciencias y las artes han puesto y repuesto para pensar cada época –ahora en apariencia insustanciales– con el propósito de advertir las rarísimas turbulencias del presente y poder tomar distancias de ellas: ya no alcanza ni la imagen de continuidad o discontinuidad, ni la unicidad o la disyunción, ni el espasmo o la meseta, ni las líneas, los círculos o las espirales.

Ninguna imagen parece acercarse siquiera a componer con nitidez el cuadro de la velocidad y la urgencia en el que vivimos; la velocidad es tanta que lo dicho no encuentra lugar para ser escuchado y se pierde en el éter, las palabras que describen la celeridad se han vuelto ellas mismas evanescentes, ningún concepto parece alcanzar y apresar el movimiento continuamente disparatado; todo rápido movimiento impide la pausa, hace zozobrar la calma, exige no perder el tiempo y destruye la maravillosa posibilidad de la inutilidad de lo inútil.

Y es que quizá a diferencia de otras épocas, ésta carga con el mandato de ser una transición especulativa cuya conclusión parece estar fuera del alcance de nuestro entendimiento: una suerte de infinitos paréntesis dentro de los cuales objetos, espacios y relaciones parecen a punto de acabar y echar a perderse, pero vuelven a escena bajo la lógica de la novedad. Y la novedad se traviste de actualidad, y la actualidad se traduce como información actualizada, y la información se disgrega y evapora apenas suelta, reconocida e identificada.

Pareciera ser que nada, que nadie, puede ser o pretender ser un instante de detención sin convertirse de inmediato en una duración provechosa.

La aceleración por sí misma es la que inspira a crear una fuente inagotable de ideas sobre el individuo abundante-carente actual, el tiempo saturado de trabajo o el estrés que determina su falta, la ilusión-desilusión de la conectividad-comunicación inmediata, y el problema de cómo adaptarnos a todo ello bajo una atmósfera de curiosa y contradictoria felicidad que nos es requerida desde las pantallas y las marquesinas.

Las figuras de referencia a cargo de la transmisión son, ahora, los *personal-trainer*, los *influencers*, los *coaching,* los gurús empresariales, que aconsejan desde todas partes y a todas horas e indican –compran/venden– los atajos secretos y sigilosos para la anhelada dicha.

La antigua idea de formación –salir al mundo y aprender a vivir– se vuelve anacrónica y se reemplaza, sin más, por la novedad de la transformación de uno mismo: los maestros –esa imagen de una ancianidad que ha hecho su travesía por el mundo y que puede narrar la vida– están siendo desplazados o sostenidos apenas por una doble precariedad –material y simbólica– y en su lugar emerge la idea de una generación que aprenderá por sí misma y que puede prescindir de toda herencia o tradición; en fin, un mundo, una vida, sin la necesidad de maestros, sin la necesidad de formación pero sí de capacitación a través de consejeros personales, que enseñarán de forma privada cómo tener éxito en la vida pública. Y ser felices en el intento.

Pero la felicidad es cosa seria. Bastaría para ello releer, por ejemplo, el siguiente párrafo del *Discurso sobre la felicidad* de Madame du Châtelet, escrito entre 1745 y 1748:

Empecemos diciéndonos para nuestro fuero interno, y convenciéndonos bien, que no tenemos nada que hacer en este mundo, sino procurarnos sensaciones y sentimientos agradables. Los moralistas que dicen a los hombres: reprimid vuestras pasiones y domeñad vuestros deseos si queréis ser felices, no conocen el camino de la felicidad.[8]

No resulta nada sencillo contradecir la idea de felicidad o colocar un bocado de dudas o de sospechas en medio. Acaso: ¿no la deseamos, no la buscamos, no es –no ha sido– el centro de gravedad de buena parte de las acciones humanas, sino de todas? ¿No tiene que ver con el destino anhelado que da sentido a cada acción humana?

Pues ello depende de su modo de conjugación: si es futura, postergación del presente; si es pasado, nostálgica; si es imperativo, destructiva; si es única acción y conmoción, banal.

También se podría releer el siguiente fragmento de la novela *Una desolación* de Yasmina Reza –la historia de ese padre desgarrado frente a la imagen de su hijo feliz, deshecho por haber engendrado una descendencia inocua, estéril– para comprender cabalmente cuánto la felicidad puede ser un gesto ambiguo, desorientador, pusilánime:

---

8   MADAME DU CHÂTELET, *Discurso sobre la felicidad* y *Correspondencia*, Valencia, Ediciones Cátedra, 1996, p. 97.

De niño, durante meses, te arrastraste a mis pies para tener un perro. ¿Te acuerdas? Te arrastraste durante meses, lloraste, suplicaste, insististe una y otra vez. Yo decía que no, era categórico, tú seguías suplicando. Un día, pronunciaste la palabra hámster.

Habías canjeado un perro por una rata. Dije que no al hámster y me encontré con la palabra pez. Ya no podías caer más bajo.

Tu madre me convenció de que dijera que sí, tuvimos el acuario.

¿Fuiste feliz con el acuario? Me diste pena, muchacho.[9]

De la falta o de la frustración por la falta se ha pasado a la imposición de una auto-realización en la que sólo sobrevivirían aquellos capaces de ser emprendedores de sí mismos –pero ya incapaces de *epojé*–, creando un tendal de individuos desorientados, enfermos y somnolientos que no alcanzan a encumbrarse en la velocidad del tiempo exigido para la debida transparencia con su época.

Da la sensación que ya no hay la posibilidad de recluirse –aunque sea de esconderse por un segundo– sino, algo bien distinto: de no ser siquiera deja-

---

9   Yasmina Reza, *Una desconocida*, Barcelona, Anagrama, 2000, p. 13.

dos al margen de la rueda que gira incesantemente, como si en vez de los individuos alienados de otrora se tratara ahora de seres que sólo llegarían a ser una mera continuidad de sí mismos.

La aceleración del tiempo, la aceleración humana del hámster o la *hamsterización* de lo humano, designa una temporalidad que se vuelve metáfora cruda, casi despojada de atributos, una metáfora literal si se nos permite la expresión contradictoria: la prisa, la urgencia, la ocupación del tiempo son apenas detalles de una sensación temporal que se presenta, en el mejor de los casos, como una compensación al cansancio y, fundamentalmente, como el remedio a la mala pereza y a la maldita pérdida del tiempo, pues lo que vale, lo único que tiene valor en sí, es el apuro desmesurado.

Un tiempo voraz que determina, desde el mismo nacimiento, el imperativo rápido de una realización auto-personal, condenando a los individuos al esfuerzo y al sacrificio, aunque matizada siempre por una extraña sonrisa abierta, blanca, congelada, de aparente condescendencia y dicha.

El escenario de la aceleración puede describirse del siguiente modo: una flecha envenenada y sin sentido cuya dirección apunta hacia un estado de lucidez o de luminosidad permanente, atento, focalizado, puntual, que no pierde tiempo en acciones o gestos desprovistos de provecho o utilidad, y a través del cual ya no cuenta tanto el consumo o la productividad –pero cuyo valor sigue estando activo y vigente–, sino más bien el carácter comunicativo de los objetos preciados.

La estrategia es sutil pero al mismo tiempo evidente: el consumo provoca un cierto grado de satisfacción y por lo tanto acaba en un determinado punto en tanto deseo; pero la necesidad de comunicación del consumo permanece y continúa, no finaliza con la compra ni con el consumo del objeto-nuevo, nunca se acaba.

Mientras tanto la vida privada se acelera hacia el éxito prometido en su misma auto-gestión empresarial y fenece frente a las exhortaciones ambiguas de sus mandamases: el individuo aferrado a la aceleración del mundo siente que todo es posible –es decir: que todo es comunicable–, que puede hacer cualquier cosa si se lo propusiera –y si no se lo propone o si no lo logra debe retroceder hacia la des-realización, pero por su propia culpa–, que ya no hay límites, que el mundo está aquí y ahora, por completo, en el presente fantasmagórico de una pantalla.

Al mismo tiempo, el individuo es receptor de mandatos contradictorios, incluso impracticables si los confrontáramos en los términos de una práctica sofística. Así lo expresa Michele Marzano:

El discurso de la mayoría de gurús de la gestión empresarial es manipulador, porque es a la vez seductor y falso. Es falso en varios sentidos. En primer lugar, se construye sistemáticamente sobre exhortaciones inconciliables (fenómeno del *double bind*), lo que significa que pide a los individuos una cosa y su contrario: rendimiento y desarrollo personal, compromiso y flexibilidad, empleabilidad y confianza, autonomía y conformidad [...]. De la incoherencia de estas exhortaciones contradictorias nace el malestar contemporáneo.[10]

Se trata de una temporalidad absoluta, sin piedad para con los débiles, que no perdona la fragilidad y en la cual todo aislamiento, reposo o descanso se vuelve superfluo o, para mejor decir, inconveniente. No hace falta ni parece posible dormir, mucho menos descansar y todavía menos soñar.

La sintética y contundente expresión 24/7 –veinticuatro horas por día, siete días a la semana– acuñada por Jonathan Crary, que subraya la totalidad de un tiempo de estar despiertos, activos, consumidores, comunicantes, puede servir para pensar de qué modo somos objetos y sujetos de un acabado *rea-*

10 Michela Marzano, *Programados para triunfar. Nuevo capitalismo, gestión empresarial y vida privada*, Buenos Aires, Tusquets Editores, 2011, p. 30 y siguientes.

lity show más que de un relato plausible de ciencia ficción.

La línea habitual que distinguía con nitidez el tiempo alternado entre el trabajo y el tiempo de no-trabajo se va diluyendo hasta desaparecer; el trabajo, tanto si lo hubiera como si no, cubre completamente la dimensión real e imaginaria de lo humano: «En relación con el trabajo, propone como posible e, incluso, normal, la idea de trabajar sin pausa, sin límites. Está en la línea con lo que es inanimado, inerte o lo que no envejece».[11]

Lo normal o habitual sería, entonces, erradicar las pausas, apartar lo frágil, estar atentos todo el tiempo y, para ello, servirse de la inmensa variación de medicamentos disponibles a tal fin, trabajar como única forma de auto-realización aunque ello no sea deseable ni, la mayoría de las veces, siquiera posible.

El sueño y la ensoñación ya no serían ni compensatorios de las actividades del día, no cumplirían con las funciones de recuperación de la energía desgastada o malgastada por el trabajo, ni podrían considerarse como hecho natural o como búsqueda espiritual.

De hecho, ya no viviríamos en una época de *on-off* –encendido-apagado– sino, a semejanza de las máquinas, en un tiempo de *sleep mode*:

---

11   Jonhatan Crary, *24/7*, Barcelona, Ariel, 2015, p. 21.

> La idea de un aparato en un estado de reposo pero
> todavía alerta transforma el sentido más amplio del
> sueño en una condición en la cual la operatividad y
> el acceso están simplemente diferidos o disminui-
> dos. Se sustituye la lógica del apagado-encendido,
> de manera tal que nada está del todo «apagado» y
> no hay nunca un estado real de descanso.[12]

Tiempos sin descanso, individuos exhaustos y somnolientos sin poder impedir el paso gravoso de las
horas ocupadas frenéticamente en el trabajo a destajo, o en la búsqueda abismal de algo para hacer,
algo para comer, algo para poseer; la rara virtud de la
ocupación infinita, que no evita la muerte sino que
la acelera, una pesadilla que se hace presente sin
que hayamos podido siquiera dormitar un poco.

Entonces, el cansancio, el hartazgo, el tedio, la falta de fuerzas que resulta de habernos fatigado por
todo y por nada; el hastío, el fastidio por no poder
descansar, ensoñar o soñar, y ni siquiera poder sentir
que el cansancio también pueda poseer algún atributo de belleza:

> Y más: aquel cansancio hacía que los mil aconte-
> cimientos que estaban implicados unos con otros

---

12   *Ibidem*, p. 24.

formando una maraña ante mí, más allá de la forma, se ordenaran en una serie; cada uno de ellos penetraba en mí como una parte de una narración, una parte que encajaba allí perfectamente —una narración de miembros finos, levemente ensamblados—; y ocurría que los acontecimientos relataban por sí mismos, sin que mediaran palabras. Gracias a mi cansancio, el mundo se liberaba de sus nombres y se hacía grande.[13]

El cansancio al que hace referencia Handke nada tiene que ver con el agotamiento sino que, por el contrario, resulta ser un modo bello de hacer y tener otro tiempo en el mundo; un cansancio que atenúa las luces enceguecedoras de la atención focal, de la presencia de un cuerpo disponible en todo momento y que se torna sensible cuando se está cansado pues ya no se desea hacer nada; en cierto modo ese *buen cansancio* interrumpe la acción para dar paso a un ordenamiento fuera del individuo dejando que el mundo se ordene por sí mismo, sin movimientos ni voluntad propia. En fin: un cansancio sin culpas, ni obligaciones, ni castigos.

Ahora bien, si el siglo XX ha sido representado como el tiempo de la destrucción y el aniquilamien-

13   PETER HANDKE, *Ensayo sobre el cansancio,* Madrid, Alianza Tres, 1990, p. 22.

to de lo humano, si las catástrofes que pusieron en tela de juicio la supervivencia de la humanidad arrancaron de cuajo la posibilidad de hacer experiencia y narrarla, ahora pareciera ser que nuestros relatos se ven atorados o atosigados por la urgencia informativa y por los relámpagos de la opinión evanescente.

La fugacidad no sólo es un imperativo, también se ha vuelto un deseo.

Ahora la voz no sólo está destituida, silenciada o asesinada, sino también confundida en medio del barullo reinante y la tiranía de la constante expresividad productiva; anunciamos entre estruendos una que otra brevedad efectista, pero no enunciamos; decimos permanentemente lo que ocurre, pero no lo que nos ocurre.

Nada o casi nada se vuelve experiencia, porque no hay tiempo –salvo en raras excepciones individuales– para esa distancia o suspensión que supone el pensamiento, no hay tiempo para ese asombro boquiabierto que sugiere el acontecimiento, no hay tiempo para la relectura y la reescritura, no hay tiempo para el paseo, para la serenidad, para descansar, para la pereza, para la conversación sin tema ni fronteras, para confrontar la gravedad del mundo con la liviandad o ligereza de otras vidas posibles.

La destrucción de la experiencia ya no deriva solamente de la muerte literal del individuo sino, sobre todo, de su extenuación. Aquello que impide hacer experiencia es el agotamiento –es decir: el *mal cansancio*–, la cotidianidad ciudadana sumergida en un pantanal de sucesos que se desarrollan como si estuviéramos allí presentes, sí, pero como si no existiésemos.

Vale la pena, en este sentido, releer el esclarecedor párrafo de Giorgio Agamben acerca de ese ser-ciudadano-extenuado de sucesos en el hoy, el aquí, el ahora:

Pues la jornada del hombre contemporáneo ya casi no contiene nada que todavía pueda traducirse en experiencia: ni la lectura del diario, tan rica en noticias que lo contemplan desde una insalvable lejanía, ni los minutos pasados al volante de un auto en un embotellamiento; tampoco el viaje a los infiernos en los trenes del subterráneo, ni la manifestación que de improviso bloquea la calle, ni la niebla de los gases lacrimógenos que se disipa lentamente entre los edificios del centro, ni siquiera los breves disparos de un revólver retumbando en alguna parte; tampoco la cola frente a las ventanillas de una oficina o la visita al país de Jauja del supermercado, ni los momentos eternos de muda promiscuidad con desconocidos en el ascensor o en el ómnibus. El hombre moderno vuelve a la noche a su casa extenuado por un fárrago de acontecimientos –divertidos o tediosos, insólitos o comunes, atroces o placenteros– sin que ninguno de ellos se haya convertido en experiencia.[14]

Una buena parte de la vida, si no toda, impone un ritmo intenso y desenfrenado, una carrera en el tiempo de obstáculos insondables, una cada vez más rápida mutación del ser-niño en ser-adulto, un sobrevuelo feroz por temas, materiales, problemas, conceptos, palabras, fórmulas, experimentos, consignas y moralejas, que luego desaparecerán casi sin dejar rastro ni memoria.

Quizá por todo ello haya una sensación compartida de infinito cansancio, un imperioso deseo de estacionarse o salirse, la necesidad de mirar simplemente por la ventana, el querer que se acabe todo de una buena vez, que haya otra cosa que deambular y estar erráticos, desinteresados, apáticos, lunáticos, desenfocados, desentendidos, perdidos en la humareda del vaivén de los sucesos diarios.

Acaso: ¿nos preferimos hiper-activos o despaciosamente cansados? ¿Deseamos para los demás la exacerbada y constante actividad o el echarse un poco hacia el costado? Si estar activo supone estar

---

14 Giorgio Agamben, *Infancia e historia*, Buenos Aires, Adriana Hidalgo, 2004, p. 8.

en carrera: ¿no será el cansancio una buena señal de detenimiento, de que la vida no es apenas prisa tras prisa tras prisa? ¿Puede el cansancio y sus efectos –quitarse del ritmo implacable, ausentarse de la urgencia inmediata, retirarse un poco hacia lugares donde no haya nada– considerarse quizá una suerte de virtud en los tiempos que *corren*?

Para los incansables el cansancio se define como una falta, un defecto: al cansado le faltan las fuerzas, o el ánimo, o el valor, o la esperanza, o el optimismo, o la voluntad.

Los incansables piensan que el cansancio es algo que hay que vencer, algo de lo que hay que recuperarse, algo contra lo que hay que batallar. El cansancio, para los incansables, siempre es una vergüenza, o una derrota, una enfermedad, una mezcla de desinterés y apatía.

Quizá haya que reivindicar los dones del cansancio, historias no ya de vencederos agitados sino de aquellos vencidos por el sueño, celebrar la belleza y no la patología del cansancio: ese cansancio que resulta después de horas de amarse, de haberse pasado toda una tarde encerrados intentando entender una frase de un texto todavía incomprensible, de pasear por la noche y no llegar a ninguna parte, de merodear la escritura sin haber compuesto siquiera un borrador en limpio.

Por el contrario los hombres y mujeres de negocios no se cansan nunca en su extraña misión de venderlo todo. Tampoco aquellos que hacen siempre proyectos y más proyectos. Ciertos políticos son incansables en su afán de protagonismo. Y jamás se cansan las máquinas y los centros comerciales.

El imposible descanso tiene larga data, no es nuevo, aun cuando la novedad radique en los modos de imposición de la aceleración y del vértigo o en las formas que asume la prohibición del reposo.

La desaceleración como respuesta a la prisa ya no parece ser suficiente, ni tampoco una cierta lentitud complaciente sería la respuesta; ni siquiera el rechazo a la urgencia, en términos de confrontación u oposición, porque transforma la militancia en pos de otra forma de vida en un gesto igualmente desaforado, de estrés.

Es cierto: la lentitud se arroga a sí misma un ritmo menor, atenuado, pero siempre presente en el interior de la misma trayectoria y siguiendo un idéntico derrotero; su aparente enlentecimiento resulta poco fructífero, porque no se puede interrumpir la velocidad «y, mucho menos, desactivar la lógica aceleracionista».[15]

El gesto contestatario tiene también prisa y generalmente ocurre como una vociferación mediática

---

15 Luciano Concheiro, *Contra el tiempo. Filosofía práctica del instante*, Barcelona, Anagrama, 2014, p. 111.

que no hace más que duplicar el abismo y redupli-carnos a nosotros mismos como ecos vacíos de pro-clamas afónicas.

La única rebelión que intuimos como capaz de quitarse de la aceleración sería, tal vez, el *salirse del tiempo*, del tiempo utilitario, el quitarse de la agonía impracticable de la auto-realización, abandonar la orgía de ruidos constantes para crear, así, infinitos instantes de *otro tiempo*, un tiempo en apariencia in-útil, sin provecho, un tiempo porque sí, para nada, un tiempo detenido, sin novedades a la vista.

Contra la novedad, sí, porque ella entierra lo recién presente en un pasado brumoso, amnésico. Aquello que acaba de suceder o se transforma en suceso rápi-damente difundido o se hunde en el pantanal borroso de lo que ya pasó y se hace pasado lejano, inaccesible a la mente o sólo disponible en los motores de búsqueda.

Para escabullirse de la velocidad hay que aventurar-se a enfrentar el tiempo mismo: detener su curso. Esto sólo puede lograrse mediante el instante, una experiencia que consiste en la suspensión del flujo temporal. El instante es un no-tiempo: un parpadeo durante el cual sentimos que los minutos y las horas no transcurren. Es un tiempo fuera del tiempo.[16]

16 *Ibidem*, p. 14.

Se dirá, y con justa razón, que a estas descripciones epocales les anteceden otros estados que no se extinguen y que permanecen íntegros, estados que son primordiales, aún de barbarie y de desnudez extrema: el hambre, la miseria, los femicidios, el desplazamiento masivo de poblaciones, las guerras inmemoriales todavía encendidas, la falta de trabajo, la destrucción del planeta, entre muchas otras.

Se dirá también que la respuesta o la solución a semejante escenario funesto no puede ser, sin más, la torpe abstracción de una huída en el tiempo hacia otro tiempo, que las intensas carencias humanas no se esfuman ni se compensan con el histrionismo y el hedonismo filosófico de una vaga idea de libertad y de contemplación.

Y estoy de acuerdo con ello, pero con una salvedad: que el argumento no provenga de esa leyenda moral que consiste en desestimar un fragmento de vida posible por su supuesta totalidad imposible.

Hablaremos aquí, pues, de algunas transformaciones pequeñas, silenciosas o solitarias, gestos mínimos de libertad que provoquen, quizá, potencias singulares en vidas excepcionales, que podrían ir creciendo y diseminándose como una telaraña entre los árboles de un bosque.

III
Aún no es demasiado tarde

> *A inventar se empieza pronto. Luego, en la*
> *mayoría de los casos, te arrebatan el hábito. El*
> *arte de ser inventor consiste pues en no permitir*
> *que la vida, la gente o el dinero te arrebaten, entre*
> *otras cosas, el hábito de inventar.*
> STIG DAGERMAN, *El hombre desconocido.*

El sinsentido puede parecer una amenaza cuando el sentido que se persigue es el de una absoluta y abismal trascendencia; o pensándolo al revés: el sentido de completa trascendencia es un riesgo para la práctica de un ejercicio tan vital –es decir artístico– como el del sinsentido.

Donde una buena parte de los individuos temen perder de vista el para qué de sus acciones y desestiman todo aquello que no encuentre un significado progresivo, entonces, es allí mismo, donde radica el punto de partida de la libertad para inventar.

Libertad, por cierto, es una palabra desgastada, maltrecha y demasiado importante o sensible como para dejarla apenas enunciada. Por ello vale la pena aquí acercarse –aunque más no sea de forma fragmentaria– al texto de Peter Sloterdijk *Estrés y libertad*, para retomar una discusión que creemos esencial: el modo en que esta época provoca estrés e impide o prohíbe la emergencia de gestos y espacios libertarios.

El malestar que atraviesa nuestro tiempo se cimenta al interior de una civilización tecnocrática impregnada por una sensación de fugacidad cada vez más intensa y extendida; y este sentimiento, escribe el filósofo alemán: «Es indisociable de la conciencia de que nuestra "sociedad" […] está estresada a causa de su auto-conservación, que exige de nosotros un rendimiento insólito».[17]

Ese estrés ya no aquejaría a un grupo o un sujeto particular sino que abraza al conjunto de individuos casi sin excepción: la precipitación, las tensiones de los hombres y mujeres –y los niños y ancianos también– al borde de un ataque de nervios, las preocupaciones, la exaltación, se vuelven gestos primarios en el entramado social, tanto en virtud de una necesaria pero indigna adaptación como de su violenta confrontación o contestación.

Frente al estrés una cierta idea de libertad pareciera ser, aunque anacrónica y desgarbada, rebelde y anti–tiránica: un gesto de aislamiento o de repliegue en sí mismo, tanto para los individuos como para una determinada colectividad. De hecho éste sería su sentido más originario: «Aquello que los griegos

17 Peter Sloterdijk, *Estrés y libertad*, Buenos Aires, Ediciones Godot, 2017, p. 13.

llamaban *eleutheria* –una palabra que convencionalmente solemos traducir por libertad, lo cual da lugar a muchos malentendidos– en un principio no significaba otra cosa que el deseo de vivir autónomamente [...] y no tener que someterse a la voluntad de un individuo demasiado engrandecido».[18]

Sloterdijk considera una de las escenas fundacionales de la idea europea de libertad, los pensamientos de Rousseau durante su exilio, más específicamente al conjunto de sus ensoñaciones acontecidas en el otoño de 1765 y reunidas en aquel extraño y apasionante libro *Les rêveries du promeneur solitaire*.[19]

Su atención se dirige con especial atención a una imagen contenida en el quinto paseo del texto de Rousseau. Allí podemos apreciar el encanto virtuoso del paso de las horas aquietadas, tranquilas, de sosiego, contemplativas, donde el filósofo francés se encuentra absorto en medio de un lago, sobre un bote y tumbado boca arriba.

Rousseau se deja seducir por las meditaciones sin rumbo ni finalidad, atraído por la densidad leve de sus ensoñaciones, donde sucumbe y se apaga la sucesión habitual y mortal de la cronología del tiempo y

18 *Ibidem*, pp. 22–23.
19 Jean-Jacques Rousseau, *Las ensoñaciones del paseante solitario*, Buenos Aires, Losada, 2013.

se manifiesta con intensidad el privilegio sentido de un instante plural y diversificado: el *ahora*.

El goce se hace presente allí, entonces, de una forma inédita: es el placer de la nada, de esa nada que es exterior a sí misma, de nada sino de la propia existencia ahora despojada de otras percepciones del deber y del reconocimiento de otros. En sus propias palabras:

> ¿Cuál era entonces esa felicidad, y en qué consistía su goce? Dejaré que lo adivinen todos los hombres de este siglo por la descripción de la vida que llevaba allí. El precioso *farniente* fue el primero y principal de esos goces que quise saborear en toda su dulzura, y todo lo que hice durante mi estadía no fue, en efecto, sino la ocupación deliciosa y necesaria de un hombre que se consagró a la ociosidad.[20]

Los paseos y las ensoñaciones de Rousseau quizá nos enseñen a celebrar la presencia de la inutilidad, de la inutilidad escogida, alejada de toda pretensión o imposición identitaria y cotidiana; esa alegría tibia, tímida, de modo alguno desaforada, que descubre la vida fuera de todo vínculo con el rendimiento y la ocupación frenética: «Así pues, libre es quien logra

20 *Ibidem*, pp. 79–80.

conquistar la despreocupación. En un sentido de lo más actual, libre es aquel que experimenta el descubrimiento de una desocupación sublime en su interior [...]. Según Rousseau, el hombre libre descubre que es el hombre más inútil del mundo; y le parece bien».[21]

¿La despreocupación es acaso suficiente para paliar el dolor del mundo y la rabia o la exigencia de sobre-adaptación del individuo? Por supuesto que no, sería ingenuo ofrecer solamente paseo y contemplación a los dañados y rotos de todas las épocas.

La subestimación del dolor es tan peligrosa como la exaltación de la mentira. Porque: ¿es la solución disimular las tragedias y maquillarlas sólo como *efectos colaterales*? ¿Ha sido acaso una respuesta justa aquella de crear sola y exclusivamente subjetividades de abundancia incluso para los individuos carentes? ¿Se trata entonces de hallar la solución al enigma o bien en posiciones burguesas de apartamiento del barullo social –*a la* Rousseau o *a la* Montaigne– o bien en figuras no menos individualistas que consisten en dotar del anhelo de acumulación de bienes a quienes carecen por completo de ellos? ¿Todo es cuestión de más y más trabajo que nada tiene que ver con una formación donde se aprenda el bello y arduo –y siempre inconcluso– arte de vivir?

---

21 PETER SLOTERDIJK, *Estrés y libertad*, Ob. Cit., pp. 31-32.

La controversia parece ser infinita: este mundo del rendimiento agota la vida, mundo y vida se separan en lenta agonía, y el triunfo del mundo acelerado sobre la vida aquietada se vuelve más que evidente.

> Nuestro siglo se ufana de ser el de la vida intensa y esa vida intensa no es sino una vida agitada, porque el signo de nuestro siglo es la carrera, y los más bellos descubrimientos de que se enorgullece no son descubrimientos de sabiduría, sino de velocidad [...]. En nuestros días no hay nadie más ocupado que un ocioso. ¿Conocéis a uno solo de estos que no se declare agotado y que no aspire a un reposo que nadie le prohíbe?[22]

Quizá por ello la rebelión se encuentre en la soberanía estética del instante, es decir, en el adueñarse del único tiempo no apresado por las redes de comunicación inmediatas, ni por las insulsas cronologías productivistas, ni por el abuso de la aceleración, sino por la pausa, por la hondura de lo incalculable.

Es bien cierto que no se sabe lo que dura un instante, pero sí que su intensidad y magnitud se vuelve tarea incesante de la poesía –de cierta poesía– y de la filosofía –de cierta filosofía–; una tarea austera,

---

22 JACQUES LECLERCQ, *Elogio de la pereza*, Madrid, Ediciones Rialp, 2014, pp. 13–15

aletargada, serena, que consiste, entre otras cosas, en oponer la vida contemplativa, la detención, a la vida de acción constante.

La experiencia del instante, como ruptura contingente de la sucesión fatídica del tiempo, es común y corriente, incluso simple: algunos la llaman epifanía, y su contingencia no proviene ni es el resultado de ninguna extravagancia peculiar: «El instante tiene una potencia subversiva gigantesca. Es una experiencia temporal que es capaz de contrarrestar la velocidad a la que estamos sujetos. Permite huir del tiempo actual y de la lógica de la aceleración que arrastra todo tras de sí».[23]

Acontece como si, de repente, un asombro o una perplejidad detuvieran la sucesión de los segundos, minutos y horas; la mirada se abriese mucho más que de costumbre; se escuchase incluso lo imperceptible, y los misterios y las incógnitas de la vida se despertasen tímidamente.

La experiencia del instante ha sido vinculada frecuentemente al *aión* griego –en alusión al Dios de la eternidad–, es decir, a ese pasaje de sentido que es inmedible y relativo a lo que hay de más vivo en la vida y que, por ello mismo, no contiene ni un principio ni un final.

---

23 Luciano Concheiro, Ob. Cit, p. 115.

No por casualidad la mitología le atribuye la virtud de la generosidad –a diferencia del cronos, incesante y mezquino devorador del tiempo–, aquello que no puede ser planificado y que convida al acto en sí, por sí mismo, sin otra razón ni fundamento previo; tampoco es por acaso que se lo representara tanto bajo la forma de la juventud –la intensidad perenne– como de la ancianidad –el dueño del tiempo, inmóvil, detenido–.

¿Pero dónde está la infancia en esta época, dónde hallarla, en medio de tanto mundo obsesionado por el puro futuro, la urgencia de cada acto y la estrechez ambiciosa del presente?

La infancia no es la niñez, no es un espacio delimitado por la cronología del tiempo, no toma el cuerpo humano apenas los primeros cinco o seis años de vida. No tiene que ver con aquello que sucede a partir del nacimiento y se extiende por un breve tiempo, ese tiempo que describen con cierta soberbia o austeridad la psicología, la pedagogía o el derecho; no procede ni deviene de un rasgo de lo incompleto o de la carencia, de la incapacidad o la precariedad.

Es, para expresarlo con todo el énfasis posible, una experiencia singular entre un modo de cuerpo, un modo de lenguaje y un modo de tiempo, cuya duración es imprecisa –puede o no durar toda la vida– y que a veces –no siempre, y mucho menos en estas épocas– coincide con la niñez.

Desprender la infancia de la niñez permite considerar a la primera en términos literarios y filosóficos, como aquel instante que despliega de modo múltiple imágenes, personajes, atmósferas, signos, en una particular relación con el tiempo, un tiempo no-cronológico, abierto y en devenir, que muestra sus cualidades de intensidad, fragilidad, ahondamiento del instante, percepción poética, hábito de invención, necesidad de ficción, lenguaje encarnado, atención imprecisa, disociación o separación entre mundo y vida y, quizá, reencuentro entre la animalidad y la humanidad.

En esa distinción niñez-infancia hay también un propósito de separación de esta época que, como en otros momentos, también tiende a confundirlas e ignorarlas, desdichando al adulto como ser incapaz de regresar a la infancia y desdichando al niño al sustraérsele la posibilidad de permanecer en estado de infancia.

Pues éste es un tiempo que divide peligrosamente a la niñez entre la carencia y la sobre-abundancia o, para mejor decir, el mundo en que todas las vidas se definen a partir de su potencia o impotencia en la acumulación de bienes o su destitución y ausencia. Como si hubiera una niñez en estado de gracia y otra, bien distinta, en estado de desgracia. Como si, una vez más, el mundo aceptase gustosamente la imagen desteñida de una niñez que ha nacido en el pesebre de la buena suerte y otra en la intemperie ruinosa de la mala suerte. Como si ya no hubiera infancia en la niñez.

En síntesis: un niño o una niña deben hacerse adultos rápidamente y esa transformación supone la inexorable pérdida de la infancia, es decir, del tiempo libre, o de la libertad en el tiempo, o del tiempo liberado, a expensas ahora de una suerte de gravamen, seriedad, malhumor, verse rápidamente en la encrucijada por un futuro empleo, malversación de los aprendizajes vitales, reino cansino y maloliente de las utilidades y los provechos.

Nótese, en ese sentido, el cambio generacional de la pregunta del: ¿por qué?, hacia otra bien distinta: el ¿para qué? Pero adviértase, sobre todo, la ominosa carga que sobrellevan hoy los niños destituidos de infancia: el vínculo híper-tecnológico con el mundo, la cada vez más temprana preparación para el mercado, el tiempo ocupado, el cansancio, la medicalización de la atención y el comportamiento, el maltrato.

Lo que sigue parece un contrasentido o una expresión todavía mal formulada: habría que dar, ofrecer, donar infancia a la niñez y a la humanidad. Esto quiere decir, ni más ni menos, hacer de la infancia el único tiempo no-capitalista que la niñez y la humanidad pudieran habitar, a riesgo de que luego el pasado fuese solamente un mal recuerdo, y todo sea demasiado tarde: «La infancia no es un tiempo, no es una edad, una colección de memorias. La infancia es cuando todavía no es demasiado tarde. Es cuando estamos disponibles para sorprendernos, para dejarnos encantar».[24]

La disponibilidad para sorprenderse, es decir, darse al tiempo del asombro fuera de la habitual monotonía del trabajo y del esfuerzo agotador, pareciera ser la más acabada descripción de la infancia: la sensación de estar en un instante en que nada pueda ser pensado como tardío.

Esa disposición particular de la experiencia marca la entonación para abrir otras cuestiones: ¿acaso es posible regresar hacia la infancia si no es ya demasiado tarde? ¿Cómo se regresa a un tiempo en el que nunca se ha estado antes? ¿Regresar al mito de una atmósfera impar que fuera despreciada en su momento? ¿No será, entonces, el caso de madurar hacia la infancia en vez de pretender volver a ella?

Se deja ver entre estas preguntas, en un guiño más que evidente, la influencia de ese magnífico libro de Bruno Schulz, *Madurar hacia la infancia*, en el cual el autor polaco reivindica la inmadurez existencial y creativa, haciendo de la vida un permanente batallar

---

24 Mia Couto, *E se Oubama fosse africano? E outras interinvenções*, São Paulo, Companhia das Letras, 2011, p. 104.

para alcanzar el punto máximo de genialidad y, entonces, desde allí mismo, comenzar a madurar.

Siguiendo sus palabras: se madura, pues, hacia la infancia pero no como un remedo a la mala adultez, la falta de lo perdido y ya nunca más hallado, la melancolía de lo que pudo ser y no fue, ni como una compensación regresiva que atempere los malos tiempos.

Entre sus relatos, *El jubilado* es una muestra desbordante de la disyuntiva recién planteada. Allí el personaje principal narra su estado de absoluta ligereza, independencia y musicalidad:

> Un desemborracharse, así se podría denominar mi estado, un desembarazarse de toda carga, una ligereza de danza, un vacío, una irresponsabilidad, una nivelación de las diferencias, una disolución de todas las uniones, un relajamiento de las fronteras. Nada me sujeta ni me oprime, no hay resistencias, tengo una libertad sin límites. Una rara indiferencia atraviesa levemente las dimensiones de mi existencia.[25]

Es tanta la levedad del jubilado, tanta su sensación de libertad y ligereza, que ya está a punto de rozar y

25 BRUNO SCHULZ, *Madurar hacia la infancia*. Relatos inéditos y dibujos, Madrid, Ediciones Siruela, 2008, p. 351.

retornar a la infancia: faltará apenas un instante para que sea confundido con un pequeño estudiante y que sienta deseos de regresar a la escuela. Allí, presentado a sus compañeros como si fuera un huérfano, sentirá el placer del atolondramiento, escuchará atónito los dictados de sus maestros, apreciará el paso de la luz del día sobre las ventanas humedecidas y se volverá un coleccionista de piedras y de botones. Y su levedad será tanta, de tal magnitud, que acabará por salir volando por sobre los tejados, ascendiendo por los cielos entre los amarillentos y aún inexplorados espacios otoñales.

Infancia en la niñez, sí; infancia durante toda la vida, también; la infancia de la humanidad, por cierto: una percepción y no una concepción estática del instante.

Demos, entonces, un poco más de entidad y densidad poética a este asunto.

Así lo describe Wislawa Szymborska: «Evidentemente exijo demasiado: tanto como un segundo». O en este otro fragmento: «Hasta donde alcanza la vista, aquí reina el instante / Uno de esos terrenales instantes / a los que se pide que duren».[26]

O como aparece en el siguiente poema de Teresa Taffarel: «Escribir el instante / que no es poco. / In-

---

26 Wislawa Szymborska, *El gran número. Fin y principio y otros poemas*, Madrid, Ediciones Hiperión, 2010, p. 73.

ventarlo, intentarlo con palabras indóciles. / Acomodar los signos en desacuerdo con el día. / Saber un poco más o un poco menos. / Y adivinar que mañana / habrá otro borrador indescifrable».[27]

O, también, en el siguiente fragmento del poema de Philippe Jaccottet: «Habitaré sin temblar tanto las fortalezas de arena, / pues ya sólo deseo algo inalcanzable, / esa palabra dicha en un soplo a la boca que espera / y esa bruma un instante tan sólo en el astro de ojos ardientes».[28] O incluso aquí: «No quiero ya posarme / Volar a la velocidad del tiempo / Creer así un instante / Que mi espera es inmóvil».[29]

Frente a la destrucción que origina el tiempo acelerado, la celebración del instante puede ofrecernos la potencia mayúscula de las rebeliones: la rebelión de la mirada –mirar como si mirásemos por vez primera–, del escuchar –recibir las verdades que otros narran o encarnan–, del pensar –pensar de otro modo, pensar otra cosa–, del decir o del callar –buscar y encontrar la propia voz–; en fin, la rebelión del tiempo, aquella en la que se invierte la voracidad de la cronología y se abre paso, trémulo e insistente, el

27 TERESA MARTÍN TAFFAREL, *Lecciones de ausencia,* Barcelona, Editorial Candaya, 2007, p. 12.

28 PHILIPPE JACCOTTET, *El ignorante. Poemas 1952-1956,* Valencia, Colección La cruz del sur, Editorial Pre-textos, 2006, pp. 41-42.

29 PHILIPPE JACCOTTET, *Aries,* Badajoz, Fundación Ortega Muñoz, 2010, p. 59.

susurro de la detención, el paréntesis, la pausa: la ilusión, o la percepción, o la ficción de aquella serpiente que, enroscada, muerde su cola en señal del eterno retorno.

Si existe rebelión es porque las cosas desaniman y hartan y engañan, sí, pero también porque es necesaria la ficción allí donde el exceso de realidad aturde, y la naturaleza humana exige pasión cuando las aguas están demasiado quietas.

Rebelión no es, tampoco, revolución, como se encargó de mostrar lúcidamente Albert Camus: «El revolucionario es al mismo tiempo rebelde o ya no es revolucionario, sino policía y funcionario que se vuelve contra la rebelión. Pero si es rebelde, termina alzándose contra la revolución. Por lo tanto, no hay progreso de una actitud a otra, sino simultaneidad y contradicción que crece sin cesar».[30]

La vida merece rebelarse en sí misma y con otros; rebelarse al hábito de la muerte y, sobre todo, a la postergación o la postración de la vida en nombre de la crueldad del mundo acelerado.

Y rebelarse no es sólo contra qué, sino también junto a quién.

Se dirá que una afirmación de este porte niega todo lo ocurrido en el mundo hasta aquí, desde la rebelión

---

30 ALBERT CAMUS, *El hombre rebelde*, Buenos Aires, Editorial Losada, 1953, p. 231.

de un pueblo, hasta la rebelión de un niño; desde la rebelión de un grupo, hasta la rebelión del alma.

Es posible, pues estar contra qué significa, quizá, estar contra el insondable todo: contra la infamia, la humillación, el cambio climático, la excesiva pausa, el hambre, el maltrato a las mujeres, a la infancia, a los animales, la injusticia, la desvergüenza, la corrupta corrupción, el sonido chirriante, el golpe repetido en la pared lindera, la mala literatura, la mala educación, la ignominia, el salario, la falta de salario, los déspotas, los tiranos, la imbecilidad, la lluvia no anunciada, el viento huracanado, la guerra que se ha ido y la que vendrá, el dios mudo, el destino inanimado.

Todo lo que compone el mundo, este mundo, es causa de su contrariedad: sin embargo el mundo no es exactamente la vida, como ya dicho, sino la escena donde la vida singular puede ocurrir o puede omitirse en su propia situación, siendo así su invertebrado escenario: acontecen cosas en una vida porque está en el mundo, es cierto. Pero: ¿no podría ser verdad, acaso, lo contrario?

Delante de semejante duda, y en el reino de la incertidumbre, sólo es posible una pequeña y frágil certeza, como bien lo ha escrito Edmond Jabès: «Una cosa es segura: este instante».[31]

---

31 EDMOND JABES, *El libro de la hospitalidad*, México, Editorial Aldus, 2002, p. 87.

IV
Los sueños de otra vida

*¿El progreso? Pero ¿hasta cuándo? ¿Y si llegamos
al fin del planeta –un avance hacia delante–
hacia la fosa? El movimiento hacia delante, no
hacia el fin-logro, sino hacia el fin-destrucción. ¿Y
si una generación tras otra de dioses terrenales de
algún modo enseñara al planeta a no acabarse,
si lo salvaguardaran del no-ser? El final o la
infinidad de la vida terrenal, igualmente terrible
ya que es igualmente – vana.*
Marina Tsvietáieva, *Locuciones de la Sibila.*

Delante del repetido panorama del hartazgo, el trabajo no formativo o la falta absoluta de trabajo, la ilusión de comunicación-conexión efectiva y efectista a
todo momento, la productividad de las veinticuatro
horas siete días a la semana, la pérdida en apariencia
irremediable de la infancia, no parecen caber muchas opciones de sobrevida y de rebeldía: el tiempo
no solamente corre y corroe, sino que atropella y
mata enseguida; a los carentes se les impone desear
la abundancia y los abundantes mayor abundancia
aún; la poca lentitud insiste en recuperar su aliento
de aceleración; las pantallas ganan la batalla del pre-
dominio audio-visual efímero por sobre la narración
imperecedera.

Los niños suelen crecer a toda prisa, *adultizándose* cada vez más rápido y los adultos se dejan seducir por la *juvenilización* triunfante. No hay diferencias, sino una suerte de igualdad congelada, como un témpano hundido en un mar siempre oscuro: cuerpos, vestimentas, tecnologías y modos de comunicación se comparten y asemejan entre las generaciones, y no existe casi controversia, distancia, ni mucho menos diferencia y alteridad; la aceleración ha reunido a las familias en torno de la conectividad y los centros comerciales, o las abandona, disgregando a comunidades enteras en los suburbios repletos de miseria y apenas sí alumbrados por la potente luz de publicidades tan humillantes como hipócritas.

Sin embargo, podemos preguntarnos aquí largamente: ¿se narra aquí la propiedad que pertenece intrínsecamente a una época, o se narra la relación de una forma de sujeto particular con su tiempo? ¿Se describe el modo en que un tiempo pasa –duración, medición– o bien aquello que pasa al interior del tiempo, su experiencia, es decir, la temporalidad –su transcurrir, su devenir–? ¿Es la desaceleración un tiempo de descanso, tiempo de creación, de contemplación, de pensamiento, o simplemente un tiempo excedente, sobrante, de fatiga, de cansancio? ¿Tiempo íntimo, privado, o tiempo político, público? ¿Y puede acaso comprenderse el ansiado tiempo libre fuera de la oposición con su enemigo constante: el tiempo del trabajo? Y al fin y al cabo: ¿venimos al mundo para sufrir y padecernos solamente, o también para re-pensarnos y *re-crearnos*?

Exactamente de estas cuestiones trata *Le droit a la perese* escrito en 1880 por Paul Lafargue, una refutación contra el derecho al trabajo, que apareció por primera vez en el semanario *Egalité,* y reeditado en 1883.

En ese texto Lafargue ataca con furia a la nueva moral capitalista, acusándola de haber renegado de los pensadores franceses y del paganismo, obligando con su prédica a los obreros a abstenerse de todo deseo de cuerpo y espíritu; esa moral capitalista que es: «Lamentable parodia de la moral cristiana, anatematiza la carne del trabajador; su ideal consiste en reducir al mínimo las necesidades del productor, en suprimir sus placeres y sus pasiones, y en condenarle al papel de máquina que realiza un trabajo sin tregua ni piedad».[32]

El manifiesto de Lafargue indica un camino para contrarrestar al monstruo capitalista naciente, que no es otro que el de desvendar la hipocresía de una época que ve en la tierra, en el mundo, un simple y mortuorio valle de lágrimas de los trabajadores;

---

32 PAUL LAFARGUE, *El derecho a la pereza*, Madrid, Ediciones Maia, 2011, p. 37.

una clase obrera impedida de dar rienda suelta a sus buenas pasiones y sometida a la atroz necesidad de trabajar y trabajar, casi sin pausas ni respiro, inoculándoles una suerte de novedosa y tormentosa locura: el amor al trabajo.

> Una extraña locura se ha apoderado de las clases obreras de las naciones en las que reina la civilización capitalista. Esa locura es responsable de las miserias individuales y sociales que desde hace dos siglos torturan a la triste humanidad. Esa locura consiste en el amor al trabajo, en la pasión furibunda por el trabajo, que lleva hasta el agotamiento de las fuerzas vitales del individuo y su prole [...]. En la sociedad capitalista, el trabajo es la causa de todas las degeneraciones intelectuales, de todas las deformaciones orgánicas.[33]

Lafargue llama la atención sobre la extraña inclinación del proletariado a enclaustrarse cada vez más tiempo en talleres modernos muy parecidos a los correccionales, en una suerte de neo-esclavitud originada, sólo en apariencia, por sus mismos reclamos y para su propia satisfacción.

El gran triunfo del capitalismo de entonces, su gran éxito demencial, consistió en hacer creer al pro-

---

33 *Ibidem*, p. 39.

letariado que aquello que de verdad deseaba no era la dicha –o el pensamiento, o la diversión, o las festividades, o el trabajar menos, o el tiempo libre, o la lectura– sino la condena misma al trabajo; y su manifiesto fue la expresión agónica de quien comprende que es urgente otra vida, otro hogar, otra familia, en fin, otra sociedad, porque aquella por la que han luchado ya está destruida o se encuentra exánime:

Han demolido con sus propias manos su hogar doméstico. Han agotado con sus propias manos la leche de sus mujeres; las desdichadas, embarazadas y amamantando a sus bebés, han tenido que ir a las minas y a las manufacturas a doblar el espinazo y agotar sus nervios. Han destrozado con sus propias manos la vida y el vigor de sus hijos. ¡Qué vergüenza para los proletarios![34]

Lafargue se pregunta por todo lo perdido en nombre de la locura del trabajo, de esa enfermedad que deja a la gente completamente agotada y que arruina lo mejor de la vida, que para él no es otra cosa que la conversación osada, la buena bebida, la narración de fábulas y cuentos, los hijos sanos y vigorosos alumbrados por mujeres audaces que andan por el mundo canturreando.

---

34 *Ibidem*, p. 45.

En vez de ello, no había por entonces más que niños enclenques que trabajaban por doce horas o más, mujeres alucinadas y ojerosas con el estómago arruinado y sin dicha, hombres taciturnos; nada peor podría haberse inventado, ningún experimento podría ser tan insultante:

> Un vicio más embrutecedor para la inteligencia de los niños, más corruptor de sus instintos y más destructor de su organismo que el trabajo en el ambiente viciado del taller capitalista. De nuestra época se dice que es el siglo del trabajo y es, en efecto, el siglo del dolor, la miseria y la corrupción.[35]

La respuesta a ese dolor, la contestación a la miseria y al confinamiento de los trabajadores a un tiempo forzado de labor surge en la palabra *pereza*, de la cual Lafargue extrae su sentido más griego, es decir, más formativo y pedagógico. Habría que revolucionar la propia exigencia del proletariado, explica, instándolos a batallar por el tiempo libre, no de producción ni de consumo, alejándolos de las fórmulas perversas e infrahumanas de la fabricación excesiva y de la sujeción a las mercancías.

Escribe a este respecto Jacques Rancière: «Pero no hay tampoco verdadero retrato del trabajador

---

35 *Ibidem*, p. 46.

que no se sustraiga enseguida, que no se involucre, por el poder mismo conferido a la imagen identificadora, en esa espiral que va de la insignificancia de los jeroglíficos del niño a los sueños adultos de otra vida».[36]

Otra vida, sí, que no permanezca atrapada en un constante agotamiento por la conservación de lo poco que queda y ya nada dura; otra vida, pues, que transgreda la época pero no sólo para cierta clase de individuos, los favorecidos de siempre, los intactos, sino para cada uno, para cualquiera.

Una vida también de silencio, soledad, tiempo libre, pereza, conversación, arte, intimidad, cuerpo, y también de lectura: inutilidades, banalidades e incluso futilidades para un mundo que se destruye a sí mismo, en el límite del barullo, el tumulto, el mal cansancio, la tecnología como único modo de progreso, el conocimiento solamente lucrativo.

Veamos.

El silencio puede ser visto como el reverso de una identidad que todo el tiempo se siente forzada a definirse, a explicarse a sí misma y a tener/deber que expresarse; un silencio hecho como resguardo delante de la exigencia de opinión y del enjambre de proposiciones sin sentido que hoy rodean a la gente.

---

36 JACQUES RANCIÈRE, *La noche de los proletarios,* Buenos Aires, Ediciones Tinta Limón, 2010, p. 36.

La soledad es melosa, es una tela de araña, un estado somnoliento, onírico: alguien está y no está en el mundo, tiene la virtud del desapego pero su límite es, tal vez, la indiferencia, la excesiva inclinación hacia uno mismo que la confunde con la identidad. El ser capaz de soledad es, así, alguien sospechoso porque está fuera del control, de la visibilidad, de la regulación. ¿Qué estará haciendo el solitario? ¿Cómo puede ser que goce o padezca sin estar presente, con la anuencia de lo comunicado y fuera del tiempo ocupado?

Para hacer silencio, estar en intimidad o soledad, habitar la pereza, se requiere del tiempo libre, del artificio del escapismo y del arte de un escapista, aún cuando la interrupción llega, más tarde o más temprano, a vulnerar esas zonas hondas y frágiles del ensimismamiento.

Recuperemos aquí parte de su origen.

Como bien se sabe en la Grecia clásica era corriente calificar el tiempo libre como fundamentalmente contemplativo y creador, sin ninguna referencia al trabajo, tiempo desocupado de toda y cualquier tarea o responsabilidad ciudadanas, en fin, una temporalidad sin otra finalidad que la de cultivar el arte y el ejercicio del vivir, la soledad, el silencio y el pensamiento.

El ideal griego de *Scholè* poco o nada tenía que ver, por lo tanto, con el dejar de hacer o el no hacer nada, pues su significado indicaba decididamente una cesación, un gesto de detención, de parar.

Vale la pena retratar esa especie de separación entre el ideal de vida –el tiempo libre como un fin en sí mismo– y el ideal de mundo o, para mejor decir, de una división entre la libertad vital y la esclavitud laboral, entendida como una suerte de estratificación social según la cual algunos gozarían del tiempo liberado y otros no.

En todos los casos *Scholè* sugiere, como ya dicho, un tiempo formativo, y de allí su proximidad y resonancia con el término *Escuela*.

Contrariamente en la Roma imperial surge la noción de *Otium*, un tiempo de descanso y regeneración tanto del espíritu como del cuerpo, pero muy distinto a la contemplación creativa griega: su sentido tiene más que ver con el ocio reparador, un tiempo intermedio que sigue la estela de la lógica del trabajo y también, en cierto modo, liberador de sus propias tensiones.

El *Otium* deja de tener un valor únicamente individual y el tiempo libre pasa a manos de una dirección colectiva y controlada, específicamente, hacia las clases populares, una diversión organizada para las masas: los juegos, el circo, las luchas, los banquetes, etcétera, adquieren aquí un valor político de control popular, puestos en escena bajo la apariencia de un necesario reposo existencial pero, a la vez, enarbolados como verdaderos símbolos de distracción o desatención.

Si para los griegos el tiempo libre ignora o no se relaciona con el tiempo de trabajo y se afirma como ejercicio del pensamiento, emparentándose así con la filosofía y el arte –un tipo de vínculo que las sucesivas civilizaciones fueron resignando casi por completo–, entre los romanos el ocio se establece mucho más bajo la forma de recreo y diversión –una práctica que refiere a la recuperación por el esfuerzo del trabajo y que todavía permanece vigente entre nosotros, aunque no exactamente del mismo modo–.

Esta es la cuestión: ¿*Otium* o *Scholé*? ¿Ambas, ninguna de ellas? ¿El fin de los tiempos es, entonces, el fin del tiempo libre, el acabose de la libertad en la experiencia del tiempo? ¿El destino de la humanidad quedaría atrapado, así, en la imagen de la ocupación a destajo y de la brutal somnolencia en el límite del cansancio? ¿Y cómo aprender a hacer el refugio que nos cobije para estar en aquel otro tiempo? ¿Podremos estar a solas, solos, alguna vez, haciendo nada, o reunidos en la amistad pasando el tiempo, dándonos tiempo unos a los otros, sin finalidades a la vista ni provecho alguno?

Matar el tiempo que nos mata, bajo el régimen de la pereza.

Dirigir el tiempo hacia la pereza, no hacia el trabajo ni hacia la prisa. Hacer que el tiempo libre libere el tiempo de la ocupación febril y fabril, para hacerse un tiempo desocupado, inútil, un tiempo detenido, sin urgencias.

De hecho en la pereza hay una disposición sensible que rehúye del relato atolondrado de la ocupación perenne del tiempo; abre el tiempo en su lugar más álgido –el del provecho–, para ponerlo en cuestión, para confirmar su sinsentido, para desnudarlo en su apariencia tiránica y despótica, y así hallar los orificios por donde el imperativo del mundo se diluye y la vida descansa o, al menos, se serena.

Roland Barthes, interesado por una filosofía de la pereza y su abierta promoción como una forma privilegiada del estar, nos recuerda que ha tenido y tiene hoy mala prensa pues es común identificarla con la falta de energías o de indisposición para la acción.[37] Etimológicamente proviene del vocablo latino *pigritia* que significa vicio de lentitud –aquello que se hace contra la voluntad, ofreciendo dócilmente una respuesta demorada a las exigencias sociales o morales–; pero en griego se dice *argos* –contracción de *aergos*– que define directamente a quien no trabaja.

---

37 Mi gratitud a Facundo Giuliano por haber estudiado conmigo la cuestión de la pereza y sugerirme, con generosidad, indicios firmes para esta escritura.

En una entrevista realizada en 1979, que lleva por título *Atrevámonos a ser perezosos*,[38] Barthes relata que ante las tareas que le aburren sideralmente se resiste como si él mismo fuese un escolar; se pregunta si acaso entre los occidentales existe algo aproximado al *no hacer nada*; advierte que siempre se habla del derecho al tiempo libre pero jamás de un derecho a la pereza –a pesar de Lafargue–; y le encantaría intuir qué podría implicar tal estado de ánimo en la vida actual. Ésta es la aproximación que hace Barthes y que vale la pena leer:

Es probable que ahora la pereza consista, no en hacer nada, puesto que somos incapaces de ello, sino en cortar el tiempo lo más seguido que sea posible, diversificarlo [...]. Ésa sería la verdadera pereza. Llegar en ciertos momentos a no tener que decir «yo» [...]. La verdadera pereza sería en el fondo una pereza de «no decidir», del «estar allí». Como el peor de la clase, que al estar atrás no tiene otro atributo que el de estar allí. No participa, no está excluido, está allí y punto, como un bulto. De eso tenemos ganas a veces: de estar allí, no decidir nada [...]. Y si avanzáramos más lejos aún, la pe-

38 ROLAND BARTHES, «Atrevámonos a ser perezosos», en: *El grano de la voz*. Entrevistas 1962–1980, Buenos Aires, Siglo Veintiuno Editores, 2015, pp. 286–292.

reza podría aparecer como una alta solución filosófica para el mal. No contestar. Pero, una vez más, la sociedad actual soporta muy mal las actitudes neutras. La pereza le parece intolerable, como si en el fondo se tratara del mal principal [...]. Puede ser una facilidad pero también una conquista.[39]

El conjunto de atributos que ofrece Barthes sobre la pereza –no hacer nada, diversificar el tiempo, no decidir, no estar presente, no contestar, entenderla como una conquista, etcétera– se anudan en cierto modo con la rebelión, siempre y cuando no se imponga desde fuera, convirtiéndose entonces en el simple peso del aburrimiento.

Al fin de cuentas, es probable que de lo que aquí se esté hablando sea, una vez más, de la propia libertad; si ya no hubiera posibilidad siquiera de pereza, ¿qué hay del individuo? ¿Cuáles serían, si acaso existieran, las líneas de fuga de esta época, de estos tiempos? Y si la hubiera en efecto: ¿deberíamos pensar que se trata de huídas distintas, unas para la salvaguarda de la vida de los individuos singulares, y otras bien distintas para la concreción de la política –otra justicia, otra relación– al interior de las comunidades?

---

39 *Ibidem*, pp. 289–290.

V
Lejana patria perdida

*Y yo pregunto a las gotas que manan espesas si no
las provocó el olivo de mi lejana patria perdida.*
GERTRUD KOLMAR, *Mundos.*

«Y no estamos seguros del refugio», escribe Chantal
Maillard, en el epígrafe resaltado en el inicio de estos
escritos.

La cultura occidental –o lo que creemos que ella
sea– tiende a relacionar la búsqueda de un refugio
con el regreso a las cavernas, el retorno a la oscuridad
de la ignorancia; como si el cobijo fuese un signo de
primitivismo y la demasiada luz el descubrimiento
de la sabiduría, de la razón. Además, se inclina por
una falsa idea de comunidad donde el individuo singular no puede arrogarse la virtud de lo inesperado,
lo inusual y de volverse ausente; por ello la soledad
asume la forma de lo impropio o el espacio extremo
de la marginación y de lo incógnito.

Hacer soledad y estar solos –o ser solitarios– se
confunden en una misma expresión de sentido, sin
que haya lugar a su posible desprendimiento: la soledad sentida como soberanía, lo solitario visto equi-
vocadamente como patología.

Entonces: ¿puede la soledad deshacerse de esas imágenes enfermizas, de esos cuerpos en apariencia cabizbajos, vulnerables, absortos, a las que habría que transformar en virtud de otras imágenes más amables para los ojos desorbitados de esta época? ¿Podemos por un instante separar y distinguir la escena de la soledad como virtud y de lo solitario como destino quizá indeseado? ¿Hay acaso la potencia de la soledad, una soledad que se abra hacia la pereza, o al tiempo libre, o al simple descanso de la intimidad, o al pensamiento, la lectura, o a la amistad?

Al volver hacia la figura libertaria de Rousseau puede que nos seduzca el gesto del paseo y de la ensoñación, pero así percibidas las cosas se pierde de vista el paisaje fundamental que le da origen y sentido: el sostén de la soledad.

Un gesto en cierto modo heroico, si así se deseara apreciar, a contra-corriente de la exigencia de estar siempre presentes en la superficie visible del mundo, pero también un movimiento prosaico que se compone a su vez de dos fragmentos indivisibles: el del apartarse y el de refugiarse.

Apartarse: del tumulto, quitarse, como si nada del griterío reinante pudiese escucharse e importase realmente; tomar distancias de un modo discreto, sin llamar la atención, sin enfatizar ni alardear del espectáculo de la partida; rehuir de la condición imperante de la participación cotidiana en el bramido de las grietas terrenales, quizá para volver de otra forma, más alivianada, pero nunca indiferente; hacerse uno anónimo aunque no sea más que por un momento.

Apartarse: salirse hacia el confín de uno mismo donde el silencio deja de ser una utopía impracticable; pero el silencio, como bien se sabe, no es ausencia de sí, sino el desván donde las voces pueden ser alojadas, al fin escuchadas, y no ser todo el tiempo espasmos graves, inhóspitos e inaudibles.

Apartarse: irse en los términos de practicar cierta calma o serenidad, como si uno no hiciese más que rogar o exigir al mundo un poco de paz, una mínima poción de tiempo, pasar y pasear desapercibido por los márgenes de la sociedad.

Pero el pasear o pasearse está ahora en entredicho: ¿por dónde deambular si las ciudades están destruidas o sólo dejan paso al consumo de los ocupados turistas? ¿Por dónde, si la proclamada inseguridad hace morir de miedo y la industria de los cerrojos y rejas prosigue con su marcha lucrativa? ¿Y cuándo si la ocupación sólo permite unos pocos pasos de vuelta a los hogares, en las distancias siderales que demora el regreso y la incomodidad manifiesta del transporte público?

Caminar, tal vez, en vez de correr, sobre todo por otros sitios que no sean los mismos que los de la correría, los mismos que los de la cacería.

Caminar, como escribe David Le Breton, como un modo de nostalgia o de rebeldía, pero no mucho más que un modesto intento para poner en suspenso, aunque sea por un instante, lo abrumador de una existencia apresurada, inquieta por las preocupaciones de la sociedad actual. Caminar, dice, es el modo de reencantamiento del tiempo y del espacio, donde la serenidad provoca un despojamiento inusual de la tecnología y del desplazamiento moderno. Caminar, entonces, como una suerte de burla del cuerpo a la urgencia del mundo en los tiempos *que corren*:

Caminar nos introduce en las sensaciones del mundo, del cual nos proporciona una experiencia plena sin que perdamos por un instante la iniciativa. Y no se centra únicamente en la mirada, a diferencia de los viajes en tren o en coche, que potencian la pasividad del cuerpo y el alejamiento del mundo. Se camina porque sí, por el placer de degustar el tiempo, de dar un rodeo existencial para reencontrarse mejor al final del camino, de descubrir lugares y rostros desconocidos, de extender corporalmente el conocimiento de un mundo inagotable de sentidos y sensorialidades, o simplemente porque el camino está allí.[40]

El camino está allí, sí, pero el refugio no lo está, no se trata de un *a priori*, aunque quizá nos aguarde, y hay que poder y saber buscarlo, aún en medio de la neblina.

Para cierta filosofía y cierta literatura el quitarse y suspenderse constituyen un punto de partida inexcusable: el ejercicio del pensar y del escribir-leer suponen, de hecho, el gesto del apartarse y refugiarse. Se trata de un margen, una periferia, un suburbio en el centro de la vida que, de acuerdo con las perspectivas disímiles de la subjetividad, puede permanecer cerca del mundo o estar completamente alejado de él; una topografía irregular que aparenta encierro, dejadez, pesadez, y que poco a poco va mutando en la abertura hacia la exterioridad y en una ficción que descubre la meseta de la nadería y lo escarpado del alma; refugio, entonces, como protección y como detención.

Pues nunca es suficiente el cuidado de sí, extraño a toda competencia y habilidad inmanente; el cuidado del cuerpo que deja de girar en círculos incesantemente, el cuidado de la voz cuando no se

---

40 David Le Breton, *Elogio del caminar*, Madrid, Ediciones Siruela, 2017, p. 26.

desea acatar ni protestar, el cuidado de la intimidad cada vez que se le exige la propiedad de una identidad nítida e inmóvil, el cuidado del otro cuando se lo recuerda en voz baja, sin la violencia de los improperios ni la insistencia de su presencia.

Refugio: la soledad es como una patria donde los límites se esfuman o se borran entre los sueños o entre lecturas, y la calidez de las ideas se vuelve imprecisa, volátil, y quizá creativa.

Refugio como el punto de partida para decidir su propia inutilidad o para lanzarse al vacío de una escritura siempre temblorosa; como conversación entrañable con quienes ahora no están o ya se han ido; guarida de todo aquello que no se alcanza a escuchar pero que puede ser aprehensible bajo la forma de un susurro o de un secreto que será indisimulable, entonces, y nos acompañará por el resto de nuestras vidas.

Soledad en tanto apartarse y refugiarse incluso de uno mismo, en medio de las propias monstruosidades y fragilidades, lejos de las obsesiones replicantes de gemidos idénticos a sí mismos, para oírse de otro modo, para reescribirse, bajo la única atmósfera de un tiempo inmedible, apenas interrumpido por el próximo estallido de las calles o por el encendido sorpresivo de una pantalla pertinaz.

Anegados de palabras, de objetos y de realidades virtuales, ya no es cuestión de amplificar hasta lo impensable la expresividad arrogante o la temeridad de los ruidos; quizá de lo que se trata es de recuperar y de ofrecernos unos a otros las porciones y proporciones gratuitas de la soledad que nos son propias, de todos y de cada quien, de cualquiera, y que ningún mandato urgente del mundo puede o debe arrebatarnos:

> Hoy estamos anegados en palabras inútiles, en cantidades ingentes de palabras y de imágenes [...]. El problema no consiste en conseguir que la gente se exprese, sino en poner a su disposición vacuolas de soledad y de silencio a partir de las cuales podrían llegar a tener algo que decir. Las fuerzas represivas no impiden expresarse a nadie, al contrario, nos fuerzan a expresarnos [...]. Lo desolador de nuestro tiempo no son las interferencias, sino la inflación de proposiciones sin interés alguno.[41]

Pero las interferencias existen, y en demasía.

Todo el tiempo asistimos a la interferencia del silencio, de la soledad, de la lectura, de la pereza, de la contemplación. Enviamos y nos llegan mensajes a toda hora, sin paciencia para aguardar, nos atosigan de publicidades: una soledad interferida por el encandilamiento de la imagen y de la auto-imagen.

---

41 Gilles Deleuze, *Conversaciones*, Valencia, Pre-textos, 1996, p. 206.

No estamos solos, o en todo caso sería más preciso decir que estamos reconcentrados en el uno y separados de la totalidad. Hay un sinnúmero de conexiones, eso sí, que dan la sensación de estar presentes en el mundo o el mundo en uno y de pertenecer sin dudas a él; y sin embargo el imperativo de ser uno mismo el único constructor o destructor de su presente y su futuro transforma la dimensión del uno –uno, como ser único, singular– en un yo mismo de pura repetición, cuya única opción pareciera estar en el ser primer protagonista o un mero actor de reparto de una obra repetida, y siempre la misma.

Se trata de la vorágine de las informaciones y de las opiniones, y no necesariamente del devenir de los pensamientos, de los afectos y de las percepciones; informaciones que se suceden unas a las otras como oleajes de un mar agitado pero a la vez estanco y maloliente, que fenecen en su intento por alcanzar la arena y no sobreviven más allá de un lapso ínfimo de un tiempo extenuado.

Conectados, sí, con la firme sensación de estar participando en la democracia global, gracias a las herramientas que nos permiten ver, escuchar y expresar nuestros acuerdos y desacuerdos, y que quedan la mayoría de las veces atrapadas en la telaraña ya desvencijada de la eficacia, el efectismo y la rapidez.

Pero aquí no importa tanto la magnitud o la extensión de las telarañas, ya vencidas o fracturadas por la rigidez de su propia tensión apresurada, sino de pensar la potencia de lo *arácnido* como metáfora para una posible existencia en rebelión.

La expresión *arácnido* que aquí adopto no es casual y se refiere explícitamente a los últimos textos (1976–1982) de ese excepcional poeta y etólogo que fue Fernand Deligny.[42]

En la introducción a la edición en castellano del libro que lleva como título justamente *Lo arácnido*, se presenta a su ensayo como: «el modo de ser autístico, las líneas de errancia […] un archipiélago imaginario […] los dispositivos de resistencia a la opresión».[43]

En oposición al utilitarismo ya reinante y en nombre del desinterés por el actuar por actuar, Deligny construye una escritura aforística que anuda la idea de red a la percepción de su propia experiencia, y su relato fragmentario va tejiendo hilos que se entrelazan con la figura de la araña, como un modo de ser –y de estar– de cara a aquellos acontecimientos históricos que, por el contrario, se vuelven intolerables.

---

42 Mi agradecimiento a Fernando Bárcena por haberme introducido a los estudios amorosos sobre Fernand Deligny y por las consecuencias que ello produjo en mis afectos y mis pensamientos.

43 Sandra Álvarez de Toledo, prólogo a Fernand Deligny: *Lo arácnido y otros textos*, Buenos Aires, Editorial Cactus, 2015, p. 10.

Una idea de *redes*, por cierto, muy anterior al concepto en boga en la actualidad –redes de comunicación e información, entendidas como líneas y nodos que unen a actores en diferentes relaciones–; completamente distinta a ésta en su materialidad y sentido, no impuesta desde el mercado tecnológico ni desde las instituciones de aprendizaje empresarial, sino más bien como lugares imprescindibles para quitarse de los espacios asfixiantes: «Cuando el espacio deviene concentracionario, la formación de una red crea una suerte de fuera que permite a lo humano sobrevivir».[44]

Pero las redes de Deligny tampoco se parecen ni se asimilan a la confusa y totalitaria noción de sociedad, pues hay algo más en ellas, hay algo más en lo arácnido, que da otro sentido a las formas de la acción humana: «Donde se ve que la red y lo que puede llamarse la sociedad no son la misma cosa. Más aún: esta cosa que es la sociedad, donde el ser consciente de ser está a sus anchas, puede volverse tan constringente, tan ávida de sujeción, que las redes se tramen fuera de la influencia de la sociedad abusiva».[45]

Una red de sentidos que no concuerda con la forma arquetípica de la sociedad, ni con el lenguaje in-

---

44 FERNAND DELIGNY, Ob. Cit., p. 20.
45 *Ibidem*, p. 28.

fectado de las instituciones, ni con las posiciones indefensas con que el mundo actual crea una industria para los solitarios, para aquellos que, vistos como individuos aislados, intocados y apenados, deben sumarse por fuerza a esa multitud de ciudadanos en apariencia felices y conectados, pero igualmente moribundos de sí.

Redes de percepciones contrarias a aquellas que insisten en aconsejar qué hacer con el tiempo libre, que enseñan a no desaprovechar ese tiempo suelto, que atraen la mente con recomendaciones para que nos despertemos, otra vez, y que llaman la atención con artilugios y subterfugios para que no desfallezcamos, para seguir girando en la rueda, pues no hay tiempo que perder.

Redes completamente distintas a las actuales, aquellas que desde siempre se extienden y se diseminan bajo la forma de la comunión y la conversación y no, como ya dicho, de pertenencia social, en ese híbrido tan peculiar que la amistad entreteje entre lo singular y lo plural, entre la lejanía y la cercanía, entre el apartarse y el quedarse, entre lo personal y lo colectivo, entre la juntura y la abertura.

Redes de amistad cuyo interés supremo consiste, quizá, en lo puramente desinteresado, porque en ellas hay, ante todo, un ánimo permanente de perdón y un deseo cada vez más sereno de totalidad; perdón por todo, para todo, ya desde la primera conversación, en una suerte de totalidad infinita, interrumpida apenas cuando alguien, algo, irrumpe como lo ajeno, la extrañeza de aquello que no cabe en la amistad. Una conversación con palabras y sin palabras, la manifestación extrema de otro modo de estar que no admite cognición ni superposición ni autoridad.

Pues la amistad es esa relación esencial donde *conocer* no es apenas una opción entre varias, sino la voluntad misma de renunciar a conocer, de interpretar, traducir, explicar; y esta renuncia es una abdicación de principio: un rechazo a la pretensión de conocer en qué consiste la conmovedora reunión entre dos seres o a la supuesta naturaleza de alguno de ellos.

La amistad es un desconocimiento que consiste en reconocer sin explicitar; la ausencia de adulación y de pronunciación de adjetivos que interpelan, acusan, manchan, infaman. Y ese desconocer es pura hospitalidad, para que el juzgar no tome lugar, no ocupe el lugar de la amistad.

La amistad: dos siempre extraños y distintos, situados en una lejanía inmedible pero claramente trazada, que no confunden lo extraño con la extrañeza, ni la extrañeza con lo extranjero, ni lo extranjero con amenaza; dos extraños que intercambian lo que tienen pero, sobre todo, lo que no tienen, y dejan sin valor de mercancía y de trueque aquello que comparten. Esa línea o frontera o separación entre dos en vez de dividir, aúna, en vez de alejar hasta volver intocables los cuerpos reúne, crea un entre-lugar de silencios y palabras.

La amistad es relación porque en el no-conocer y en la distancia, crea el espacio del instante, es decir, de todas las cosas que pueden ocurrir sin haberlas previsto de antemano: todo es posible de acontecer en ese intervalo que contiene, atesora, nunca encierra.

Tal intervalo es de acciones –leer, hablar, jugar, imaginar, pensar, mirar, sentir, padecer, callar– pero no de disponibilidad del uno sobre el otro; no hay un otro a disposición: hay disposición de ese intervalo, de ese espacio, de esa conversación:

Es el intervalo, el puro intervalo que, de mí a ese otro que es un amigo, mide todo lo que hay entre nosotros, la interrupción de ser que no me autoriza jamás a disponer de él, ni de mi saber de él (aunque sea para alabarlo) y que, lejos de impedir toda comunicación, nos pone en relación al uno con el otro en la diferencia y a veces en el silencio de la palabra.[46]

---

46 MAURICE BLANCHOT, *L'Amitié*, París, Gallimard, 1971, Citado por Jacques Derrida en *Políticas de la Amistad*, Madrid, Editorial Trotta, p. 325.

La amistad contiene el aroma de una pregunta que permanece, un misterio que no cesa hasta el último momento de nuestros días, una respuesta que siempre puede esperar; es por ello que tiene un valor incontable, no se cuenta, no hay cantidades; en todo caso se transfigura de amistad en amistad y la afección presente en cada una de ellas jamás resulta un lucro, nunca se suma y nunca se resta.

Y quizá nadie ha sabido y podido contar tan bien qué es ese refugio, ese espacio, y qué es ese tiempo, ese intervalo desinteresado al que nombramos *amistad*, como Sándor Márai en *El último encuentro*:

> Convivieron con naturalidad desde el primer momento, como gemelos en el útero de su madre. Para ello no tuvieron que hacer ningún «pacto de amistad», como suelen hacer los muchachos de su edad, cuando organizan solemnes ritos ridículos, llenos de pasión exagerada, al aparecer la primera pasión en ellos —de una forma inconsciente y desfigurada—, al pretender por primera vez apropiarse del cuerpo y del alma del otro, sacándole del mundo para poseerlo en exclusiva. Esto y sólo esto es el sentido del amor y de la amistad. La amistad entre los dos muchachos era tan seria y tan callada como cualquier sentimiento importante que dura toda una vida.[47]

47   SÁNDOR MÁRAI, *El último encuentro*, Barcelona, Salamandra, 1999, p. 38.

El apartarse: la soledad; el refugio: la amistad.

Se trata de una fórmula de la existencia algo torpe, es cierto. Pero invadidos como estamos de proposiciones comunicativas incesantes y de espurias participaciones en ellas, la búsqueda de un sentido –si lo hubiera– está lejos del presente estrecho y presuroso, ese tiempo que da saltos como contorsiones o espasmos de acciones impulsivas en apariencia sin dirección alguna.

Si la soledad es la respuesta a una pregunta sobre la comunidad mal planteada, la amistad vuelve a poner en el centro de esta necesidad de rebeldía su posible andamiaje y travesía: la amistad es, sobre todo, amistad a la soledad, y en ella, por ella, lo arácnido comienza a tomar forma, a hacerse común, porque: «Somos, en primer lugar, como amigos, amigos de la soledad, y os llamamos para compartir lo que no se comparte, la soledad. Amigos completamente diferentes, amigos inaccesibles, amigos solos, en tanto que incomparables y sin medida común, sin reciprocidad, sin igualdad».[48]

---

48 Jacques Derrida, *Políticas de la amistad. El oído de Heidegger*, Madrid, Trota, 1998, p. 55.

Desobedecer el lenguaje

> *El patrimonio que más nos pertenece: las horas en*
> *que no hemos hecho nada… Son ellas las que nos*
> *forman, las que nos individualizan, las que nos*
> *vuelven desemejantes.*
> EMIL CIORAN, *Ese maldito yo.*

El mundo actual puede pensarse, entonces, como una constante interferencia e interrupción a la vida, del barullo sobre el silencio, de los requerimientos de identidad que acechan a la soledad y la intimidad, del tiempo ocupado y febril que impide o prohíbe el tiempo libre, del estar despiertos y atentos en detrimento de la posibilidad del descanso y la pereza, de la individualidad extrema por sobre la amistad, de los constantes intercambios audiovisuales en detrimento de los refugios de lectura y escritura; así, puesto de este modo, es posible que la única defensa, *en vida propia* y en nombre propio, sea aquella de refugiarse en la inutilidad o la inoperancia, lejos de toda imagen que nos fuerce al rendimiento.

Pero hay algo antes, o quizá al mismo tiempo: la infección del lenguaje y de la conversación, el lenguaje hecho trizas, indispuesto a las palabras, ser incapaz de pensar, de hablar, enmohecerse.

El lenguaje abandona.

Abandonar, aquí, es una expresión literal: como si en cierto momento se sintiera con desoladora nitidez la imposibilidad de decir nada sobre nada, de tocar con el cuerpo el límite último del lenguaje y de percibir que ya no hay cómo percibir una poética de las palabras.

Pero no se trata del abandono al lenguaje, la voluntad manifiesta por dejar de pensar y decir, la potestad del sujeto sobre el código, el libre albedrío del hablante-oyente ideal que se retira a la calma de su silencio sino, en cambio, el abandono del lenguaje al sujeto: su confinamiento, su desamarre, el destierro de su voz.

Como si de tanto hablar y hablar, hubiera un momento en que el lenguaje minase un territorio hasta allí ignorado: el de la ligereza habitual de las palabras, la confianza ciega y habitual en el sistema de la lengua, la mezquindad de los sentidos.

El abandono del lenguaje se presenta con varios rostros que confunden y hacen sentir la incapacidad de narrar: el agotamiento, el atontamiento, la tozudez, la urgencia, la consabida productividad, el utilitarismo, la progresiva simplificación, la pérdida de la metáfora y de la imagen, las frases ya hechas, el suicidio de la conversación, la humillación, el agravio, la frivolidad del verbo.

Pero el mayor de los abandonos reside en advertir la filiación del lenguaje con el poder o, para mejor decir, con los poderosos, con los altaneros, los soberbios, los mentirosos, los crueles, los violentos; el secuestro de las palabras más vitales vueltas un coto de propiedad privada de un conglomerado de provechos personales y consumistas; en fin, cuando el lenguaje se pone del lado de aquellos que han hecho de este mundo un mundo insoportable e irrespirable.

Ésa es la enfermedad del lenguaje o su inhabitabilidad o, para decirlo más claro aún, su podredumbre: un lenguaje infectado, pestilente, corrompido, que no podemos ni pensar ni sentir como nuestro y que nos deja enmudecidos.

Quizá esa sensación de mudez no sea sino la expresión última de un páramo desolador, donde permanecemos atónitos en medio de un lenguaje al que rechazamos –el lenguaje que recibimos– y otro con el que quisiéramos todavía decir o escuchar o leer o escribir algo –el lenguaje que aún no disponemos–.

Un lenguaje resecado por la información que entorpece todo el tiempo lo que quisiéramos contar y contarnos; la información como coyuntura y como moralidad donde las palabras suelen perder su transparencia, su forma perceptiva, y dan vueltas y se revuelcan, se esconden y naufragan; la información que nos obliga a una conversación inanimada y sin voz.

Pareciera ser que estamos afectados por unos dispositivos que nos entorpecen todo el tiempo, perplejos delante de un lenguaje que, tal como decía el poeta Roberto Juarroz, está hecho de palabras caídas, golpeadas, pisoteadas, y al que habría que rehacer desde el suelo, desde el piso:

> También las palabras caen al suelo / Como pájaros repentinamente enloquecidos / Por sus propios movimientos [...]. Entonces desde el suelo / Las propias palabras construyen una escala / Para ascender de nuevo al discurso del hombre / A su balbuceo / O a su frase final. / Pero hay algunas que permanecen caídas / Y a veces uno las encuentra / En un casi larvado mimetismo. / Como si supieran que alguien va a ir a recogerlas / Para construir con ellas un nuevo lenguaje / Un lenguaje hecho solamente con palabras caídas.[49]

Pero no se trata solamente de la información, así, en singular; de esa acumulación impropia de noticias sobre nada ni nadie, de esa vorágine como remolino sin ton ni son que distrae de la posibilidad de hablar sobre lo que nos pasa y que nos obliga a hablar apenas de un mundo visto como una lámina metálica y sin alma.

---

49 ROBERTO JUARROZ, *Octava poesía vertical*, Buenos Aires, Emecé, 2005, pág. 401 (fragmento).

En cierto modo habría que volver a pensar en un lenguaje habitado por dentro y no apenas revestido por fuera; como si fuera necesario, delante del lenguaje recubierto y encubierto de la información, preguntarse por el lenguaje directo, el lenguaje seco, el lenguaje que no dice más que lo que quisiera decir; un lenguaje acaso sin falsedades, sin tecnologías, sin duplicaciones, sin laboratorios ni experimentos: el lenguaje liso y llano; un lenguaje sobreviviente, quizá, de nuestro supuesto dominio o de nuestra completa incapacidad para dominarlo.

Un lenguaje cuya voz deviene y deriva estrictamente de aquello que nos pasa, para recuperar o inventar un lenguaje a flor de piel, o una piel a flor de lenguaje.

Pero éstos no son buenos tiempos para la sensibilidad y la ambigüedad de las palabras: hay un predomino exagerado e innecesario de la rapidez y la eficacia en la transmisión y por eso se van apartando o desechando algunas formas de expresión más rugosas. Sin embargo, no hay ningún motivo por el cual ligar el lenguaje a la prisa o a la urgencia o a la inmediatez: también el lenguaje puede ser una forma de detención, una pausa que sirva para habitar tiempos en paréntesis, que nos vincule más a la intensidad que a lo fatalidad de lo irremisiblemente cronológico.

No se trata tanto de una cuestión de géneros ni de generaciones, sino de esa tensión –tan viva, tan obsesiva– entre el lenguaje de la información que exige premura y consumidores y el lenguaje literario, que intenta hacer respirar de otra manera a sus lectores. Existe un enorme tesoro en el lenguaje y poder encontrarlo es en cierto modo una tarea que nos relaciona no sólo con la novedad y el futuro sino también, y sobre todo, con el pasado.

Más allá de toda discusión sobre lo nuevo, lo novedoso, lo actual y lo contemporáneo, las preguntas esenciales que de verdad conmueven insisten en su temblor siempre presente: ¿podremos tomar la palabra, nuestra palabra? ¿Hay algo para decir? ¿Hay algo para escribir? ¿Algo para leer? Y en relación a esa tentación al expresionismo y la productividad de la palabra: ¿hay alguien allí, por dentro de lo que dice, por dentro de lo que escribe, inmerso en la lectura? Y aún más: si la cuestión es apenas un problema de quién y qué es lo que emite: ¿hay alguien del otro lado que escuchará? ¿Alguien que, simplemente, desee una detención, una pausa?

Entre unos y otros, hablantes y oyentes, escritores y lectores, conversadores al fin y al cabo, se juega la idea de amistad, de comunión o bien, más tarde, de convivencia.

Pero la pregunta por la convivencia se ha ido transformando desde sus costados más ambiguos y tortuosos, hacia una cuestión cuyo significado inmediato remite exageradamente a un lenguaje formal, a la suma o la resta de cuerpos presentes, a los derechos y obligaciones.

Casi no se habla de la contingencia de la existencia, del devenir insospechado de un encuentro entre desconocidos, de la incógnita de lo extraño, del azar de aquello que por inesperado, quizá, podrá venir a ser.

Se discurre acerca del mundo, no de la vida.

La regulación del afecto sugiere que convivir es una negociación comunicativa, una presencia literal de dos o más sujetos específicos –dueños de una identidad nítida– y cuyo único propósito y destino es el de *dialogar, compartir, convergir y consensuar.*

Sin embargo el término convivencia obliga a un primer acto de distinción: se trata de aquello que provoca, ante todo, contrariedad, recelo, incomodidad, perturbación. Si no hubiese extrañamiento la pregunta por la convivencia ni siquiera nacería, porque convivir es, esencialmente, estar en medio de la intranquilidad, permanecer en la turbulencia, tensarse entre diferencias, revelar alteridades, no poder disimular incomodidades.

Estar juntos, estar entre varios, estar entre diferencias no es consecuencia de una relación jurídica, ni de un voluntarismo enceguecido por su propia probidad, ni de algún virtuosismo particular: se trata de la contigüidad entre los cuerpos –es decir: el roce, la fricción, la caricia, el toque, pero también de la distancia, la no–superposición– cuyo límite revela una doble frontera: no derivar hacia la asimilación o la fusión de dos en uno mismo, ni violar o ultrajar al otro.

Estar juntos, mirándonos a los ojos, para que al fin y al cabo exista el lenguaje y haya vida. Conversar en el mundo –y no tanto sobre la escurridiza apariencia del mundo–, tejer el lenguaje, hacerlo común: ¿puede ser ésta, acaso, una definición torpe, ingenua, inacabada, pero esencial de lo político?

Lo político no nos preexiste: se hilvana en la duración de cada encuentro y se diluye cuando mujeres y hombres se dispersan, se evaden, se ignoran, se violentan: lo político acaba allí donde los seres singulares dejan de mirarse, dejan de hablarse, dejan de hacer cosas en común.

El poder de la política:

> Sólo es realidad donde palabra y acto no se han separado, donde las palabras no están vacías y los hechos no son brutales, donde las palabras no se emplean para velar intenciones sino para descubrir realidades y los actos no se usan para violar y destruir sino para establecer relaciones y crear nuevas realidades.[50]

---

50 HANNAH ARENDT, *La promesa de la política*, Barcelona, Paidós, 2008, p. 206.

Lo contrario de la palabra vacía o hiriente es el secreto y todo aquello que oculta sus intenciones es la mentira; así, secreto y mentira parecen amenazar el espacio de lo político, impedir o violentar las relaciones, disociar lo común hacia lo espurio y al individualismo sin fin.

Si se le exige a cada individuo-ciudadano que exprese todo en todo momento, ya no se deja sitio alguno para algún secreto, para la intimidad, para la soledad: la vieja tradición de la política supone que hay que decir todo en la plaza pública y no existe lugar para una retirada hacia fuera; el sujeto resultante sería –lo está siendo– un ciudadano de arriba abajo, a lo ancho y a lo alto, tanto en su intimidad como en su diferencia.

¿Pero entonces qué diferencia lo político de la política? ¿Por qué la reiterada sensación de que la política conspira contra los ciudadanos, y que deberíamos hacer algo sólo entre nosotros, bajo nuevas formas de hermandad, de amistad, de fraternidad, de refugio, de *amorosidad*?

Si la política parece estar destinada a una ciega y obsesiva transformación del otro, lo político es la transformación de uno mismo, el paulatino deseo del ser que se acerca paso a paso a su propio anhelo, la proximidad con todo aquello que todavía no se es. Ese espacio, de aquello que aún no se es no está en blanco ni se inscribe con la tutela o la humillación o el amparo violento de otro, es lo político; una atmósfera de deseos de transformación, sí, en la cual la humareda creativa de los acontecimientos no se disipa pero se comparte, se pone en común, se abre a la conversación.

Habría que poner el lenguaje al servicio de la desnudez propia y ajena, del susurro que se convierte en pasión por lo que aún no tenemos ni podemos, de la potencia de un descubrimiento en ciernes, y no del lado de la nueva y vieja esclavitud, de la sumisión, de la palabra tragada hacia el silencio atónito, del falso testimonio y la humillación de los demás.

Por ello, la necesaria conversación, como el modo en que la amistad habla, escucha, escribe, lee; la conversación como el tiempo en que lo humano vuelve a traslucir su apariencia virtuosa.

Pero ya casi no se conversa con otros, ya casi no se conversa de otras cosas que no sean las propias o las apropiadas; en el mejor de los casos sólo se conversa siempre entre los mismos y siempre de las mismas cosas.

El lenguaje se ha vuelto un refugio opaco de narrativas sombrías donde cada uno repite para sí y se jacta indefinidamente de sus pocas palabras, de su poca expresividad y de su incapacidad manifiesta para escuchar el lenguaje de los otros.

La conversación es una tensión permanente entre diferentes modos de pensar y de pensarse, de sentir y de sentirse, de decir y de decirse, de escuchar y de escucharse: hay disonancias, desentendimientos, incomprensiones, afonías, imposibilidades, pérdidas de argumentos, tiempos desiguales, preguntas de un solo lado, respuestas que parecen no llegar nunca.

Pero tal vez ello mismo sea una conversación y quizá por eso es que no podemos hacer otra cosa que seguir conversando, que no ser, nosotros, otra cosa que la encarnación siempre imperfecta de una conversación necesariamente ardua, más próxima a la perplejidad que a la comprensión, sin ningún tipo de efectos especiales.

La conversación es la forma que asume el lenguaje cuando el tiempo es entendido como una experiencia de detención, como lo contrario de la prisa; de hecho la expresión: «tener tiempo para conversar», refleja con claridad la imagen de la amistad entendida como un gesto infinito de generosidad.

Una conversación, al fin, abre una brecha en el tiempo, lo perfora, lo detiene, crea una pausa necesaria.

Y el instante es el único tiempo en que la conversación toma lugar; si no, recordemos aquí a aquel personaje de Philippe Claudel, ese hombre en medio de la guerra, atrincherado y malherido por el frío de la nieve, y que siempre se repetía a sí mismo *que había tiempo*.

Esa es la ilusión más sombría: suponer que siempre hay tiempo; una de las frases más torpes y banales que alguien puede pronunciar o escuchar: decir que mañana o después haremos algo; al mismo tiempo, todo se muere alrededor y, al seguir, solo nos quedará presenciar el silencio de la muerte en vez de prestar atención a la conversación:

> Pero me decía que había tiempo. Ésa es la gran estupidez del ser humano, decirse siempre que hay tiempo, que podrá hacer esto o lo otro mañana, dentro de tres días, el año que viene, dos horas más tarde... Y luego todo se muere, y nos vemos siguiendo ataúdes, lo que no facilita la conversación.[51]

El tiempo no nos da sosiego, no nos ofrece respiro, pero nosotros podríamos dar y darnos tiempo. No hay tiempo en el sentido de su posesión, pero sí hay tiempo en el sentido de su intensidad y de nuestra disposición para conversar. Aunque aquí y allí el lenguaje se muestre borroso y por momentos sentimos que nos desobedece y envilece, en otros también emerge la sensación de que es posible desobedecerlo.

---

51 Philippe Claudel, *Almas grises*, Barcelona, Salamandra, 2008, p. 157.

Pues el lenguaje desobedece.

El lenguaje desobedece a esa hora en que los silencios asumen la duración del tiempo y los sueños adormecen la exigencia substantiva; la hora en que la perplejidad gobierna la mirada y da paso al desconocimiento primero; la hora de la muerte tiesa y del deseo húmedo.

El lenguaje desobedece cuando ensucia la lengua con sus trampas de encantamiento y sensiblería, cuando la falsifica, cuando la infecta de glosarios impunes y de retóricas sin nadie dentro y nadie del otro lado, cuando se sobreestima en su regocijo adulto o se desprecia el lugar de su ausencia.

El lenguaje desobedece cuando ya no hay qué decir y se anuncia a los vientos el nombre del mundo, un mundo atolondrado que se mueve y se ciñe al son de su falacia hasta quedarse exhausto; cuando el aire es poco y la palabra que describe al aire es más nula todavía.

El lenguaje desobedece en el instante en que la brevedad se confunde con la parquedad o la mezquindad, la prisa se mezcla con el desprecio y la agonía se oculta tras un orden amenazante y pulcro.

El lenguaje desobedece porque es más su sentido que su estructura, es más su poética que su gramática, es más su desorden que su conveniencia.

El lenguaje desobedece porque no reconoce en la humillación, la hipocresía, el descaso y el asesinato el lugar de su morada; porque se rebela contra sus enemistades: el diálogo insulso, la avaricia de tonos, la renuncia a la complejidad, el despojo del nombre propio.

El lenguaje desobedece, en fin, al sentir que las palabras se caen, se pisotean, se derrumban, al percibir el ocultamiento del pasado en la vanagloria del futuro, en esa costumbre insana de enterrar lo vivido, el hábito innoble de destruir lo pensado.

Sin embargo, el lenguaje es también desobedecido.

Lo desobedecen los niños, los ancianos, los artistas, los filósofos. Lo desobedecen la conversación, la lectura, la escritura, la inscripción en las paredes, los presidiarios, los dementes, los autistas, los borrachos, los payasos, los que escriben poemas, los que preferirían no hacerlo.

Lo desobedecen el tiempo sereno, la calma despojada, los enamoramientos, los escondites, la rendija por donde se cuelan sabores, olores, los sonidos sin palabras.

Lo desobedecen las criaturas que están a punto de nacer, los náufragos, las danzas, la duda en la punta de la lengua, los ojos entrecerrados, los exiliados, los desaparecidos.

Lo desobedecen la búsqueda de una frase que nunca culmina, el artículo indefinido, el pájaro que se cruza por los ojos, el árbol que borra lo tallado, la serpiente tímida, el fin de la tarde cuando el cuerpo regresa al tiempo y el tiempo a su guarida del silencio.

Lo desobedecen, en fin, las conjuras contra el abandono, el dejarlo todo en la búsqueda de nada, las sabias inconclusas traducciones, los libros que cuentan historias imposibles, la memoria pequeña, el olvido sin remedio, el recuerdo de todas las falsedades, cada vez que alguien toma la palabra y la desnuda, la despierta, le da vida.

Y una de las formas más sutiles y duraderas de la desobediencia al lenguaje es la lectura.

Por supuesto que ella tampoco es una respuesta directa, y ni siquiera indirecta, que apacigüe a la época voraz; de hecho no resuelve el hambre, la miseria, el chirrido agudo de las existencias condenadas al sufrimiento o a la actividad permanente; no construye mejores ni peores personas; no indica la dirección del sentido final del porqué vivir; no supone ninguna auto-realización particular que conduzca, final y felizmente, al mercado árido y cada vez más desierto del trabajo. Afirmar lo contrario es, por lo menos, temerario.

Pero la pregunta no es ¿para qué leer?, como si se tratara de un remedio utilitario en medio de la desolación, o un imperativo errático de falsa moralidad, sino tal vez por qué vale la pena aún la lectura, sin más.

Y vale la pena la lectura porque allí, en ese gesto –aunque no tan sólo allí, en ese gesto– se concentra de un modo siempre inédito algunas de las *virtudes* que se han planteado, austeras y desperdigadas, en este ensayo: el apartarse, el distanciamiento, la soledad, el refugio, la libertad, la rebelión del instante, el tiempo libre, la pereza, la conversación, la cofradía de la amistad, la desobediencia al lenguaje, la detención, la inutilidad.

No es tarea simple abandonarse y perderse en la lectura, no, y sin embargo es de las pocas cosas que se rebelan a este mundo de barullo de informaciones, mismidad de imagen y negación de soledad y silencio: la ficción literaria como una de las pocas formas de preservar la vida de otros, de darles acogida y, como escribió Antoine Compagnon,[52] darse cuenta cómo lo desconocido, cómo otras vidas posibles distintas a las consabidas y repetitivas, renuevan nuestra poca y torpe vida convencional.

Pero resta aún explicitar lo más importante: la lectura forma parte de la utilidad de lo inútil o, para decirlo de otro modo, no promete provecho, ganancia, ni acumulación progresiva de conocimiento en tanto lucro o mercancía: la lectura, así, *no sirve para nada.*

---

52 ANTOINE COMPAGNON, *¿Para qué sirve la literatura?* Barcelona, Acantilado, 2013.

Ni utilidad, ni provecho: leer no es obtener ni poseer alguna cosa material, no constituye un medio a la espera de una finalidad de valor agregado. Y leer literatura sería, en este sentido, un gesto anti-burgués, o anti-capitalista: se trataría de perder un tiempo que no se posee, de desaprovecharlo, de estar a la deriva, transitar por un sendero estrecho lleno de encrucijadas, dejar el cuerpo aquietado, estar haciendo nada, nada que sea productivo para la máquina incansable y agotadora del mundo, escabullirse del imperio mezquino del aquí y ahora.

Como bien lo describe Nuccio Ordine:

> La literatura [...] puede por el contrario asumir una función fundamental, importantísima: precisamente el hecho de ser inmune a toda aspiración al beneficio podría constituir, por sí mismo, una forma de resistencia a los egoísmos del presente, un antídoto contra la barbarie de lo útil que ha llegado incluso a corromper nuestras relaciones sociales y nuestros afectos más íntimos. Su existencia misma, en efecto, llama la atención la *gratuidad* y el *desinterés*, valores que hoy se consideran contracorriente y pasados de moda.[53]

---

53 NUCCIO ORDINE, *La utilidad de lo inútil. Manifiesto*, Barcelona, Acantilado, 2013, pp. 28–29.

Por supuesto que la experiencia de la lectura no sólo se vincula al placer del tiempo libre; está también atravesada por la ambigüedad y la complejidad y es, muchas veces –si no siempre– desgarradora: se atraviesan laberintos de sinsentidos y se esquivan puñales a punto de horadar el cuerpo; se asciende a los infiernos y se desciende a los paraísos; se busca con desesperación una pausa o una atmósfera de sosiego que haga más hondo el mundo; se echa de menos todo lo inhallable y se da por perdido todo lo encontrado; se mece uno como si el vaivén no fuese ya apacible y se celebra el instante como la única unidad del alma disponible.

Un instante, también de ello está hecha la lectura y la posibilidad de transformarnos en seres capaces de contemporaneidad y de distanciamiento o suspensión: un recorrido que visto de cerca no dura más que una milésima de segundo y que, al recordarlo, tiene la duración de la eternidad y la longitud del infinito. Ese tiempo inmedible que nos hace atender lo inútil y lo mínimo, por delante de la ostentación del carácter y del oprobio de la miseria.

Como si lectura contuviese el aliento para no sobrecargar de palabras la inevitable conclusión; como si cada cosa –la soledad, el pensamiento, la agonía, la noche, el cuerpo, la pregunta– describiese un tipo de mundo ignorado por la excesiva prisa y devuelto desnudo, tembloroso y conmovido, a la tierra tibia de la lectura.

No sirve, si por servir se entiende servidumbre.

No sirve, claro está, si la única felicidad que se avizora en este presente está anclada en movimientos espasmódicos de mal cansancio y de luctuosa indiferencia.

Final
¿Preferir no hacerlo?

*Lo que he ganado con la soledad
es poder decidir por mí mismo
mi dieta espiritual.*
AUGUST STRINDBERG, *Solo.*

Preferir no participar del barullo con voz ronca y ya casi sin aliento, desanimada; preferir no deambular cargado de urgencias hacia una deriva sin fin; preferir no caer en la trampa de aquellas novedades que –como fuegos de artificio– queman los ojos e impiden la mirada limpia; preferir no masacrar los instantes con subterfugios de futuro construidos con antelación y sin autoría propia; preferir no ya la fugacidad e inmediatez de las redes sociales sino lo arácnido de los refugios de la amistad, el silencio, la lectura, el tiempo libre y la soledad; preferir no –nunca, jamás– la vida como trueque y como mercancía.

Se ha escrito tanto y tan distintamente sobre aquel *preferir no hacerlo* de Bartleby, aquel extraño –pero también risueño, o trágico, o ético– personaje de Herman Melville,[54] que retornar a él y a su particular alocución puede constituir una torpeza

---

54 HERMAN MELVILLE, *Bartleby, el escribiente*, Madrid, Nórdica, 2007.

por su propia repetición y redundancia: ¿hay acaso algo más para decir o comprender de esa sentencia inaudita que acompaña el entero relato del escritor norteamericano? ¿Algo más que no sea rendirse a la genialidad literaria de un misterio en apariencia tan lineal, como único e irrepetible?

De hecho su enigmática y repetida frase: *I would prefer not to* ha desbordado el campo de la literatura y aparece y reaparece en nuestros tiempos por doquier: inscripciones de camisetas, grafitis en las paredes, nombres de programas de radio y de revistas literarias, y hasta en sesudos y complejos debates filosóficos.

¿Qué está expresando, pues, tamaña adhesión o desorientación y/o simpatía por una construcción lingüística en apariencia tan simple, que proviene de un sujeto quizá vulgar, común y corriente, y no ya enigmático ni secreto? ¿Y de qué se trata esa fórmula del lenguaje que provoca aún escozor en sus lectores?

Así lo representa Gilles Deleuze:

> La fórmula prolifera y se ramifica. En cada una de sus apariciones, alrededor de Bartleby se instala el estupor, como si se hubiese oído lo Indecible o lo Imprevisible, y el silencio de Bartleby opera como si lo hubiese dicho todo, como si hubiese agotado todo el lenguaje de una vez […]. No cabe

duda de que la fórmula es desoladora, devastadora, de que no deja nada en pie a su paso.[55]

Pues bien: ¿qué mayor rebeldía que aquella que se ofrece en el gesto de apartarse del lenguaje infectado de poder, de alguien que hace estremecer el límite mismo de la comprensión y la cordura de sus interlocutores mesurados y en principio razonables?

Además de las apariencias extravagantes y siempre interesantes especulaciones en torno de su figura –¿se trata de una expresión burlona o cómica, de una sentencia profundamente ética, de una ecolalia de dudosa origen, o bien del último sobreviviente capaz de un lenguaje directo, sin eufemismos ni parloteos?–, Bartleby expresa también la condición de una vida que tiene poco para decir, o de una vida donde sólo puede contarse poco y nada –y siempre lo mismo– o, incluso más directamente, de una vida donde es preferible abandonar toda pretensión de decir.

Un modo distinto y curioso –e incluso quizá involuntario pero también instigador– de elegante rebeldía: decir poca cosa, casi nada, y que el mundo haga el esfuerzo de comprensión, que acaso se interesen los demás si les concerniese de verdad, que

---

55 GILLES DELEUZE, «Bartleby o la fórmula», en: *Preferiría no hacerlo. Bartleby el escribiente de Herman Melville*, seguido de tres ensayos sobre Bartleby de Gilles Deleuze, Giorgio Agamben y José Luis Pardo, Valencia, Pre–textos, 2005, p. 62.

expliquen y se impliquen otros, que mediten, que se preocupen, que se devanen los sesos descubriendo el sentido o sinsentido de la frase en cuestión.

Como si el personaje estuviera anunciando, cada vez que repite su frase, que no tiene nada para explicar, que está más allá y más acá de toda explicación, que el mundo no es otra cosa que una máquina asfixiante de explicaciones en la cual no desea participar.

Ese sujeto enunciador está harto de tener que decir lo ya dicho y sin ningún lenguaje por venir, y quizá busque hacer la vida lejos o distante de cualquier sistema de doctrinas, disciplinas y símbolos que no hacen más que adelgazar continuamente la experiencia de la vida en el mundo.

También Michael K., aquel entrañable personaje de J. M. Coetzee,[56] puede ser considerado aquí un emblema del preferir no hacerlo, aunque en un sentido en parte diferente: se trata de alguien que preferiría estar solo, que preferiría no ser interrumpido, que no tiene misión alguna por desempeñar, que sólo desea ser dejado en paz, y que se ve interrumpido todo el tiempo por intrincados interrogatorios acerca de su condición, de su vida, de sus orígenes y su destino.

---

56 J. M. Coetzee, *Vida y época de Michael K*, Barcelona, Mondadori, 2006.

Recientemente la conocida novela de Robert Seethaler, *Toda una vida*, vuelve al ancestral problema de la leve intensidad del soliloquio del individuo apartado, que ha vivido su gran amor pero que ya se ha acabado, que ha trabajado incansablemente sin que ello tuviera alguna relevancia para su vida –a no ser por los paisajes suspendidos y aquietados donde se encontraba– y que una vez que decide hacer un viaje, antes de que sea demasiado tarde y salirse del refugio donde se había ahuecado toda la vida, se encuentra perdido y trasnochado por la inoperancia misma de pensar en irse a ningún lugar cuando no hay ningún punto de partida.

> Que él supiera, no cargaba con ninguna culpa digna de mención, y nunca había caído en las tentaciones del mundo [...]. Había construido una casa, había dormido en infinidad de camas [...]. Había amado. Y se había hecho una idea hasta dónde podía llevar el amor [...]. Nunca se había visto en el apuro de creer en Dios, y la muerte no le daba miedo. No recordaba de dónde era, y últimamente no sabía adónde iba. Pero podía mirar atrás en el tiempo, a su vida, sin lamentos, con una media sonrisa y un gran asombro.[57]

57 ROBERT SEETHALER, *Toda una vida*, Barcelona, Ediciones Salamandra, 2017, pp. 132–133.

Pero no quisiera acabar este breve ensayo tiñendo de reconocidas e interminables leyendas literarias una necesaria conclusión que será de otro orden aunque, de todos modos, austera y, quién sabe, si no imposible.

Pues claro está que el *preferir no hacerlo* es un modo, entre otros, de manifestarse en rebeldía frente a este mundo de prisa, de eficacia, de falaz felicidad; y más allá de sus múltiples y complejas interpretaciones, es tiempo de desandar el texto que he pretendido escribir aquí y darle hacia el final una salida austera, tal vez carente de toda pulcritud.

Hay que encontrar una frase que contenga un sí, se escuchó decir hace poco en boca de una joven en medio de la multitud que acompañaba una protesta. Pues creo que lo que en parte puede incomodar en ese *preferir no hacerlo* sería, justamente, su connotación de negatividad, ese vocablo *no* en medio de la frase.

Sin embargo: ¿cuál sí podría ser suficiente? ¿Cuál sí puede no ser simple afirmación hecha a desgano y displicentemente, para luego abandonarse en la indiferencia? ¿Cómo sería posible afirmar la vida, cualquier vida, sin atraparla en la exigencia del rendimiento, sino más bien en el ejercicio de su alteridad, de su soledad, singularidad, intimidad, amistad, etcétera? ¿Una vida hoy, aquí, ahora, que pueda desprenderse –liberarse– de los requerimientos nefastos del mundo entendido como un sitio donde reinan las novedades y las mercancías? ¿Habría, pues, un sinsentido que valga la pena, que no demuela las singularidades y no deje a las almas siempre en penuria?

Regresemos una vez más a Ana Ajmátova para hallar los signos de una poética construida desde las cenizas mismas del sinsentido o, justamente, a partir de ellas, gracias a ellas. En el año 1921 escribe el poema *Todo ha sido saqueado*, que comienza así: «Todo ha sido saqueado, traicionado, vendido. / Las grandes alas negras de la muerte rasgan el aire, / la Miseria roe hasta los huesos. / ¿Cómo, entonces, no desesperarse?».[58]

Si todo ha sido saqueado, traicionado y vendido –y desde hace tanto tiempo, y por motivos siempre tan brutalmente mezquinos–, resta saber si hay algo más que la desesperación y sus garras entumecidas.

Por ello mismo habría que preguntarse por qué *contra toda esta prisa* y por qué *como un tren hacia el abismo*, y no escribir, en realidad, contra todo este dolor, contra todo este horror, contra toda esta miseria, contra toda esta impotencia, contra toda esta violencia, incluso contra toda esta hipócrita felicidad. O por qué no ensayar, tal vez, un escritura

---

58   Ana Ajmátova, *Breve Antología*, México, Ediciones UNAM, 1991, p. 63.

a favor: a favor de la poesía, de la soberanía del individuo y del pensamiento, de su intimidad, de los instantes, del letargo, del paseo, de la pereza, etcétera.

De cierto modo aquí resuena como un eco no tan lejano los *Pensamientos sobre la educación* de John Locke (1693) y su embate contra la poesía, contra su inutilidad, contra toda imaginación que distrajera de los saberes pragmáticos y del progreso económico, y la necesidad imperiosa de una formación a ras del suelo alejada del Parnaso de los versos: «El aire allí es agradable, pero el suelo es estéril; hay pocos ejemplos de gentes que hayan aumentado su patrimonio con lo que puedan haber cosechado allí».[59]

Y he aquí una respuesta austera pero posible en relación a algunos de estos interrogantes: las virtudes de la inutilidad, tal como las hemos nombrado a lo largo de este texto, merecen ser vividas no sólo como experiencias singulares de quienes ostentan el azar del poder y de su lucro, sino sobre todo como un don –esto es: como un ejercicio compartido y diseminado– para cualquiera que tenga no ya el poder a su disposición sino el deseo de atesorarlas.

Se trata, entonces, de un cierto preferir sí hacerlo, pero sin soberbias ni altisonancias: preferir sí la soledad, la lectura, el silencio, la amistad, el pensamiento,

---

59 JOHN LOCKE, *Pensamientos sobre la educación*, Akal, Madrid, 2012, p. 172.

el tiempo libre, los refugios o espacios de libertad por más mínimos y frágiles que sean.

Dicho de otro modo: qué hacer y cómo hacer para que las virtudes de la inutilidad no sean simples espasmos de burguesa decisión, o brevísimas compensaciones a los tiempos intensamente ocupados, y que inauguren modos arácnidos en los que quitarse o pensar de otro modo las intemperies de la carencia y la abundancia.

Sí, se trataría de plantear, una vez más pero quizá de otro modo, lo formativo, pues: ¿qué imagen de existencia estaría presente en la aceleración, innovación y rápida comunicación, sino su propio umbral de destrucción e indiferencia? ¿Y qué otras imágenes pueden formarse aún a riesgo de ser consideradas improductivas e incluso desiguales?

Una imagen que ya hemos rozado antes: la vida como excepción y no como regla.

Otra imagen, quizá la más nítida que pueda ofrecerse en medio de la atmósfera de este texto: *la vida inútil* separada de *este mundo hostil del provecho* o, al menos, el aprender a vivir ya no en el sentido de aprender a ganarse la vida. Nadie, ninguno, ha nacido en la derrota, y no es cierto que el único destino sea el de la competencia desleal y la quimera absurda del existir únicamente como seres intactos –y por ello indiferentes– en el mundo.

Quizá el *sí* de Nietzsche que se lee en *La ciencia jovial* pueda darnos una pista en este abrupto final, pues se trata de una afirmación de libertad que, como dice el filósofo, evita sentirse avergonzado por haber renunciado a lo que hay de mejor en la vida y aprender, así, el difícil arte de vivir. Un arte de vivir completamente diferente de aquellas publicidades engañosas puestas en manos de gurúes mezquinos que predican sólo su propia felicidad. Por el contrario:

Quiero aprender cada vez más a ver la belleza existente en la necesidad de las cosas –así seré yo uno de los que las embellezcan. *Amor fati*: ¡que éste sea mi amor a partir de ahora! No pretendo hacer la guerra contra lo feo. No pretendo acusar al que acusa. ¡Que *apartar la vista* sea mi única negación! Y, para decirlo todo y de golpe, ¡quiero ser algún día alguien que sólo sepa decir sí![60]

60 FRIEDRICH NIETZSCHE, *La ciencia jovial*, Madrid, Editorial Gredos, 2010, p. 482.

Índice

www.ingramcontent.com/pod-product-compliance
Lightning Source LLC
Chambersburg PA
CBHW020704260626
47157CB00008B/3135